新潮文庫

女子中学生の小さな大発見

清 邦 彦 編著

JN286141

新 潮 社 版

6937

まえがき　最近、感動していますか？

夏休みの宿題に「自由研究」というのがあります。それはそれでいいことなのですが、でも正直いってなかなか大変みたいです。

いくら長い休みとはいえ、疑問を持って、仮説を立て、計画して、いろいろやってみて、そして結論を出す、人生そんなに計画どおりにうまくいくものではありません。どうしよう、どうしようと言ってる間に夏休みはすぎてゆきます。

なにもフルコースやらなくてもいいんじゃないでしょうか。

長いレポートじゃなくてもいいと思います。

別に結論が出なくてもいいと思います。わからないものはわからないままで。

ちょっと試《ため》してみた、というくらいの研究でもいいと思います。

なぜだろう、と疑問に思っただけでもいいと思います。

すごいっ、と感動しただけでもいいと思います。

育ててみた、飼ってみた、それだけでもりっぱな研究です。見た、見つけた、気がついたなら、それはもう発見です。集めるだけでもいいです。セミを五種類集めるだけでも、夏休みは終わってしまうかも知れません。

だいたい研究なんてものはそんなに簡単にまとまるものではないと思います。

予想どおりにならなかったのは、失敗ではなく成功です。

何も変わらなかったのは、「変わらない」ことを発見したのです。

本と同じ結果にならなくても、それは気づかないところで条件が違《ちが》っていたからであって、自分のやったことも正しい結果です。たまに本が間違っていることだってあります。

考え方がおかしいと言われても、「自分はそう考えた」というのは正しい事実です。

静岡市の街の中に、お城の堀《ほり》と堀にはさまれて、私立の女子だけの学校があります。本書はその静岡雙葉《ふたば》中学校の一年生の生徒たちの理科の小さな研究レポート集です。

編著者

目次

女子中学生の小さな大発見

清先生の理科少年記

1

小学校の遠足で近くの川原に行った。先生が「さあ皆《みな》さん、どうして川原の石は丸いのでしょう」と言った。「みんなが遠足に来て踏《ふ》むから」と答えた。先生は水の力だと一生懸命《けんめい》説明してたが、ぼくは納得《なっとく》できなかった。

遠足で、秋の雑木林にドングリを拾いに行ったこともあった。くぼ地の湿《しめ》った所で根の出ているドングリを見つけた。ドングリは種だってことを自分で納得した。

田んぼでおたまじゃくしをたくさん見つけた。夢中になって採りまくり、ビンに次々と入れて大喜びで家に持ち帰ってみると、おたまじゃくしはぎっしりと詰まって死んでいた。ぼくはぞっとした。かわいそうなことをしたと自分で思った。

天才？

私は21世紀のニュートン……かもしれない

●Tさんは妹の鼻に栓《せん》をし、目かくしをして、舌の上にソース、ポン酢《ず》、レモン汁《じる》などを乗せ、味は舌だけでなく目で見たり鼻でかいだりしてわかるものだということを調べました。ワサビを乗せたら怒《おこ》っていました。

●Sさんは家族全員に正座してもらい、どれだけ正座していられるか実験しました。Sさんは18分しかできませんでした。昔の人は正座してたから足が短い、お父さんを見るとわかる、などと言っております。

●Oさんの実験によると、前転を13回すると「酔《よ》っぱらったおやじ状態」になり、後転では、10回でへなへなでぐにゃぐにゃになります。

●Mさんの家のネコは夏はいつも涼《すず》しい所を見つけてすわっています。そこでMさんの家族も暑い日はネコの近くでくつろぐようにしています。

●Kさんは A、B、O、AB型のどの血液型が1番おいしいか、4人の人に蚊《か》に刺《さ》されてもらう実験をしました。B型のKさんが15分間に7発刺され、B型が1番おいしいことに決定しました。

●Mさんは「花は毎日ほめてやると長持ちする」と聞いたので、水をかえる時「きれいだね」とほめてやったら、ほめないものより5日から、7日も長持ちしました。

●Sさんの行った水族館のラッコは貝をお腹《なか》に乗せた石ではなくガラスに打ちつけて割ります。

●Mさんがアリの巣を掘《ほ》ってみたら、巣を直すアリと卵を運ぶアリに分かれて、1日

後には元どおりになっていました。突然《とつぜん》の事件なのに話し合わないでもちゃんと二つに分かれるのはすごいと感心しています。

●Tさんは、流れ星が消える前に3回も願い事なんか言える訳がないことを知りました。

●Hさんは「バカはジャンケンに勝つ」のは本当かためしてみましたが、Hさんも負けることもあるので、ウソだということがわかったと、自分で言ってます。

●Yさんは、目を閉じたまままぶたを上げると白目になっているけど、眠《ねむ》っているときはどうか調べました。妹が寝《ね》ているときまぶたを上げてみたら黒目がありました。

●Nさんはお茶わん一杯《ぱい》のご飯粒《はんつぶ》を数えました。2964粒ありました。

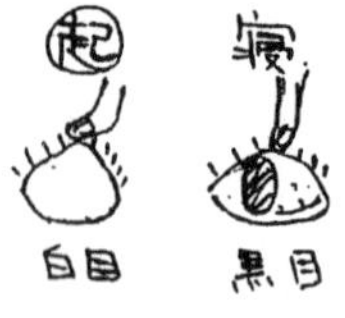

●Aさんは、まくらの下に写真を敷《し》くとその夢を見られると聞き実験してみましたが、1日目はまくらがベッドから落ち、2日目は自分がベッドから落ちてしまいました。3日目はうまく寝られたのですが夢は見られませんでした。

●Wさんは、キンギョにおせちを食べさせる実験をしました。一番よく食べたのがカマボコで、たづくり、黒豆は食べませんでした。

●Mさんは、地球が自転しているなら、旅行したい時は上空に浮《う》かんでいて行きたい場所が下に来るまで待っていればいいんじゃないか、ということに気がつきました。

●Sさんはご飯を炊《た》くときこっそりといろいろなものを炊き込《こ》んで家族の反応を調べました。お茶っ葉を入れたときは「いい香《かお》りするけど…」、寒天では「ご飯ピカピカしてない？」、こんぶは「なんか変ねえ」でした。チョコレートを入れたときは気づ

かれませんでしたが、気持ち悪いので自分は食べませんでした。

●Kさんが飼っているカタツムリは、ニンジンを食べると赤のうんち、キュウリを食べると緑のうんち、でも卵の殻《から》を食べた時は白ではなく黒のうんちをしました。

●Tさんはイヌの顔にくさいくつしたを当ててみるとどうなるか実験しました。ものすごい顔をして逃《に》げてゆきました。

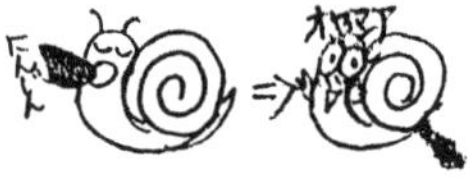

●Nさんはイカの墨《すみ》でお習字をしてみました。

●Oさんは万歩計をつけて寝てみました。朝までに12歩、歩いていました。

●Kさんは知り合いのおばさんから「ビールを置いておくと勝手にカタツムリが入って死んじゃうんだよ」と聞いて実験してみました。勝手に入らないのでKさんが入れたらつぎの日、溶《と》けていました。

●Yさんは、人の体は水に沈《しず》むとすぐに浮くというのは本当か調べました。プールの底にあお向きで寝ていたら16秒沈んでいました。苦しくて死にそうだったそうです。

●Oさんは、アサリの活動と水温の関係を調べました。2℃では出てこず、3℃で出始め、15℃で活発に動き、20℃では出ているが少し動きが鈍《にぶ》く、73℃でパカッと音をたてて開きました。

●Hさんは、あくびは人にうつるというので、電車の中でためしてみたらどんどんうつっていきました。

●Mさんは BSのアンテナの前にいろいろなものを置いてみました。だいたいのものは電波を通しましたが、なべとタウンページと、Mさん自身ではだめでした。

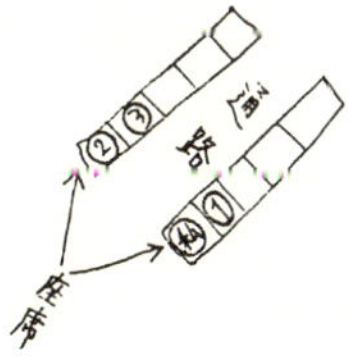

●Oさんの家の近くの公園のハトは人の手からお菓子《かし》を食べます。こわがらないのでブランコの上にお菓子を乗せてゆすってみたら全然食べられず、意外と根性《こんじょう》なしだったことがわかりました。

清先生の理科少年記

2

小さいとき、お腹《なか》が痛くなって病院に行ったら、検便するからウンコをマッチ箱に入れて持ってきなさいと言われたらしく、祖母は徳用マッチの大きな箱にウンコ全部を入れて風呂敷《ふろしき》に包んで持って行った。お医者さんはそんなに沢山《たくさん》はいらないよと笑いながら「これが回虫の卵だよ」とぼくに顕微鏡《けんびきよう》をのぞかせてくれた。初めて顕微鏡というものをのぞいて、自分もお医者さんか何かになったような気がして妙《みよう》にうれしかったことを覚えている。

人体実験

自分で体験しなければわからないことがある

●Hさんは、鼻がつまっているときはどんな姿勢がいいか研究しました。こういうことは、風邪《かぜ》か花粉症《かふんしょう》の人にしかわからないと言っています。

●Sさんが自分の血を中性のミネラルウォーターで薄《うす》め、リトマス試験紙につけたらアルカリ性でした。アルカリ性は健康だそうでよかったと言ってます。

●Mさんは、寒い時はストッキングを重ねてはくといいと聞き、どのくらいはけるか試《ため》してみました。3枚目でふくらはぎに地図の等高線の模様ができてきつくなり6枚では血の循環《じゅんかん》が悪く

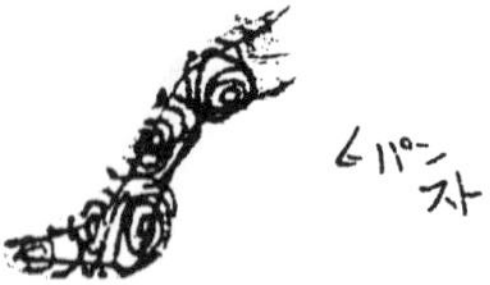

なってつま先が冷たくなり、8枚で痛くなり9枚では関節が固定され歩くのがやっとでした。

●Sさんの研究によると、手のしびれはお風呂《ふろ》上がりの人と手を合わせる、足のしびれは誰かに思い切り踏《ふ》んでもらうと治るのだそうです。

●Sさんは法事の時ヒマだったので、正座しているとどのくらいでしびれるか調べました。15分でしびれ20分で神経がなくなり、それから先はもう変化ありませんでした。

●Hさんは正座すると何分でしびれるか計りました。布団《ふとん》の上では2時間33分もできました。そのあと家族で正座大会を開き、優勝しました。

●Tさんは息を止めてみました。50秒でアップアップし70秒で手足がプルプル震《ふる》え75秒でクラクラし、酸素が必要なことがわかりました。

●Nさんは水温を変えて「息止め実験」をしました。水温が高い方が長く止めていられましたが50℃のお湯は熱くて顔を入れられませんでした。

●Oさんは水中でどれだけ息を止めていられるか実験しました。お腹がすいている時は20秒、お腹がいっぱいの時は24秒でした。こういう実験は気をつけて下さいね。

●Kさんによると、プールで息を吐《は》いてゆくとどんどん沈《しず》んでゆくそうです。

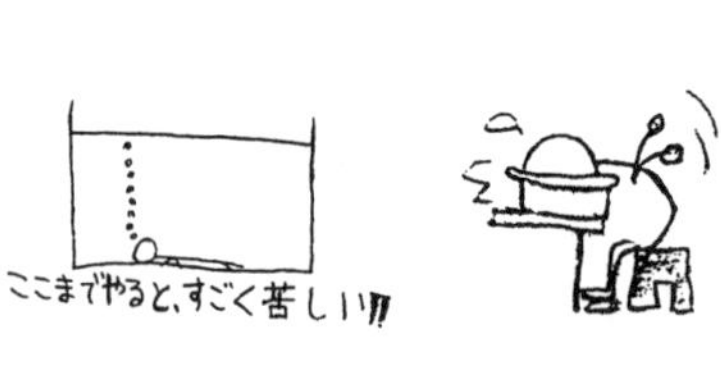

●Mさんはプールで日焼けしてむけた皮を顕微鏡で観察しました。むけた皮の標本も提出してくれました。

●Nさんは日焼けの観察をしました。海に行ったその日は真っ赤でひりひり、3日目に少しほてりがとれ、5日目に皮がむけはじめ、10日目で完全にむけ終わり少し白くなりました。

●Sさんは人は1分間を正確に数えられるか実験しました。Sさんは53秒、お姉さんは1分5秒、おばあさんは32秒で、あまり正確に数えられないことがわかりました。

●Yさんは泣いたあと顔のどこが赤くなるか調べました。鼻の頭が一番赤くなりました。

●Yさんはプールでどこまでもぐったら耳に水が入ってくるのか、飛び込《こ》んで調べました。深くもぐるほど水が入ってくることがわかりました。4.5mまで調べましたが、5mまでは何回やっても行けなかったとのことでした。

●Oさんはビニール袋《ぶくろ》の空気だけを吸っていくとのどがちくちく痛くなることを発見しましたが、この実験は本当に危ないよ。

●Kさんはバックブリッジをしながら声を出すと、声がにごって、大きな声がでないことを発見しました。5回やってみましたが、だんだん疲《つか》れてもっと声が小さくなってゆきました。

●Kさんは髪《かみ》の毛をぬらしたりドライヤーで乾《かわ》かしたりして顕微鏡で観察しましたが、はげてしまいそうなのでこの研究は何回もやりたくないそうです。

●Tさんが髪の毛を毛先の方から生えてる方にこするとキュッキューと音がし、生えてる方から毛先の方にこすっても音はしませんでした。シャンプーの宣伝に出てくる髪の拡大図のウロコのようなものを逆なでするからかなと思いました。

目

見るだけでこんなことがわかった

●Kさんは目に光を当てると、黒目のところが「ボワンボン」と大きくなったり小さくなったりすることを発見しました。

●Mさんは片方の目に光を当て黒目を小さくすると、もう片方の目の黒目も小さくなることを発見しました。

●Wさんは写真を撮《と》ったとき、黒目の人よりも青や茶の外国人やハスキー犬の方が目が赤く光ることが多いのに気がつきました。

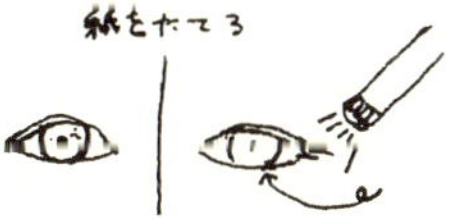

●Sさんはひどい寝《ね》不《ぶ》足《そく》の朝は目が二重《ふたえ》になります。お母さんは三重になるらしいのですがまだ見せてもらったことがありません。

●Kさんは、睡眠《すいみん》時間が何時間以下だと目に「くま」ができるかやってみました。9時間では元気な目、7時間ではかすむ、5時間で「くま」ができました。

●Tさんは、何秒間目を開けていられるか調べました。平均24・7秒目を開けていられました。涙《なみだ》は、悲しいときだけではないことも発見しました。

●Mさんが、右目に黄色いセロハン、左目に赤いセロハンを当てて見ると、重ねたときと同じようにオレンジ色に見えました。

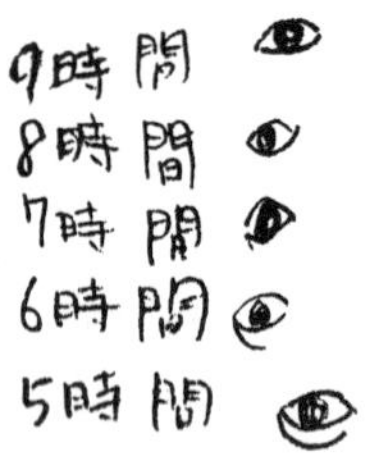

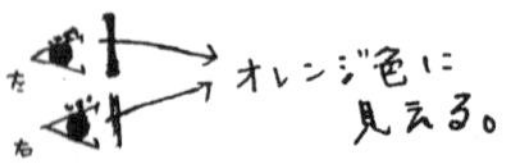

●Nさんは、まばたきの回数は人によって、体の調子によって違《ちが》うことを発見しました。笑っているときは少なく、眠《ねむ》いときは多くなるのだそうです。

体重

やせたい人も太りたい人も

●Nさんはいろいろな方法で体重を量りました。しゃがんでも、片足立ちしても、前屈《ぜんくつ》でも、体操すわりでも、全身が体重計の上にあるかぎり、体重は変わりませんでした。

●Sさんは三日間リンゴだけを食べるとダイエットできると聞き実験を始めましたが、一日目の夜の時点でこの実験は中止となってしまいました。

●Tさんはお母さんの作ったバナナシフォンケーキ、チョコレートロールケーキ、チョコレートシフォンケーキのどれが一番太るか実験しました。チョコレートロールが一番太りました。

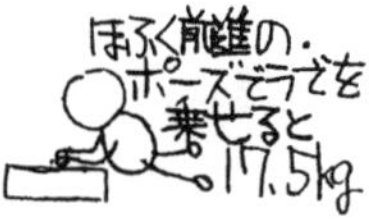

●Oさんは朝と夜で身長が１㎝も違うことに気がつき、地球の引力はすごいなあと思ったそうです。

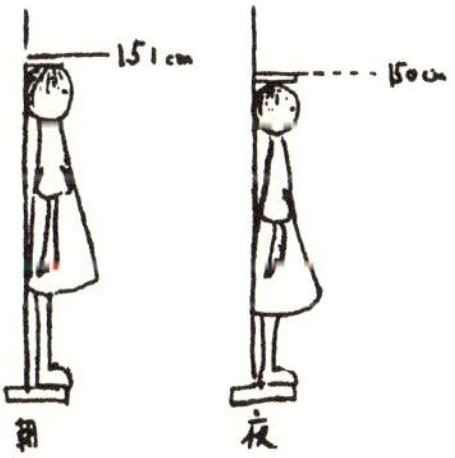

手

手にもそれぞれ表情がある

●Yさんは手をずっと思い切り広げているとどうなるか実験しました。3分でズキズキし8分でしびれ10分で冷たくなったので中止しました。

●Nさんは指の関節をボキボキならしたあと、15分以上すればまたならすことができることを調べました。

●Yさんは1年前からずっと左手の指の関節をボキボキならしていますが右手はならしていません。太さは変わっていませんが左手の方が長いそうです。

●Kさんは家族の手の血管の通り方を観察しました。一人一人違っているのにちゃんと血液が行きわたっているのが不思議だそうです。

●Sさんは爪《つめ》の傷を観察していて、爪は白い所が伸びるのではなく、ピンクの所から伸びることに気がつきました。

●Oさんは爪の伸《の》びる速さを計りました。1日に0.3㎜伸びます。

●Mさんは、風邪《かぜ》をひいて高熱がある時は静脈《じょうみゃく》がふくらむことに気がつきました。

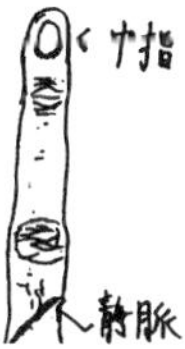

●Tさんは指の先の皮に針を刺《さ》して何分耐《た》えられるか実験しました。何分たっても痛くありませんでしたが、変な病気にならないか心配になったので20分でやめました。

●Wさんがリングゲージを使って測ったところ、指は朝少し太く、それから細くなって、夜入浴するとかなり太くなることがわかりました。

●Hさんは右手と左手を25分間ずつ上げて、どちらが疲《つか》れないか調べました。きき手である右手の方が疲れないかと思っていたら、左手の方が疲れませんでした。

●Kさんは手の甲《こう》をルーペで観察しました。お父さんはしわがあり、おばあさんはしみもあることを発見しました。Kさんはふにゃふにゃしてるそうです。

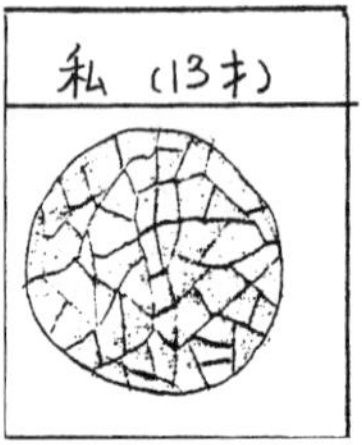

●Hさんは「指紋《しもん》」は消えるか、指をならし続けたり、ギザギザしてる所でこすったりして実験しました。指の皮をむいてみたら、皮の下にもうすくあったそうで、結局は消えませんでした。

足

たまには、あなたを支える足に注目

●Mさんは寒い時、鳥肌《とりはだ》がどこにできるか観察しました。顔と足首にはできません。

●Oさんは吹奏楽《すいそうがく》部の楽器運びでよくあしを打ってあざができるのであざの観察をしました。5日前にできたあざは茶色で痛くなく、昨日のあざは青くて押《お》すと痛いそうです。

●Nさんは足の裏を針でついて「痛点」を調べました。お母さんのも調べようとしましたが、悲鳴を上げて逃《に》げていきました。

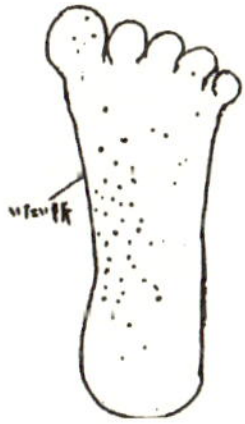

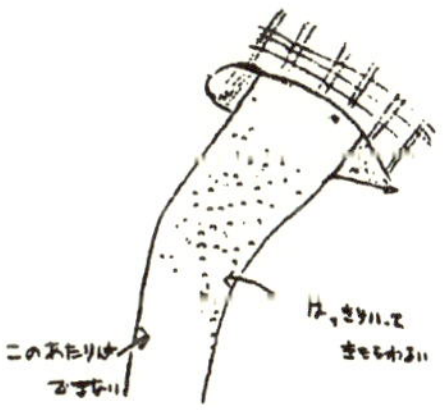

●Kさんは家族が昼寝《ひるね》している時「寝ている人の足の裏をくすぐると親指が反る」のは本当か実験してみましたが、足を引っ込めたり、けってきたりしただけでした。

兄弟姉妹《しまい》

似てる？　似てない？

●Kさんは双子《ふたご》です。双子はジャンケンをするとずっと「あいこ」が続くというのは本当か試《ため》してみたら、なんと5回も「あいこ」が続きました。

●Kさんは、双子は朝起きたときのふとんの形まで対称《たいしょう》なことを発見しました。

●Nさんのお姉さんたちは双子です。同じ日にそろってお弁当を忘れたそうです。

●Nさんも双子です。朝の寝方はひとりは「気をつけ」、もうひとりはふとんを落として「変なかっこう」、考えてることも全然違《ちが》い、テレパシーを調べたら0でした。

●Sさんはふとんに入った二人の妹に30分おきに「起きてますか?」と聞いてみました。小さい子の方が熟睡《じゅくすい》するのが早いことがわかりました。

●Sさんは夜中に弟の目を指で開けてみたら目玉がギョロギョロ動いていてびっくりしたそうです。

●Yさんが一晩かけて観察したところ、お姉さんが寝返りをすると弟も同じ向きに、弟が寝返りをするとお姉さんも同じ向きに寝返りしました。

●Tさんは妹たちと神戸に行った時こっそり数えたところ、年齢《ねんれい》が小さいほどトイレに行く回数が多いことがわかりました。

清先生の理科少年記

3

小学校四・五年生のころ顕微鏡《けんびきよう》セットを買ってもらった。花粉、チョウの鱗粉《りんぷん》などを見てはノートにスケッチし色鉛筆《えんぴつ》できれいに色をつけていった。

顕微鏡セットには柄《え》つき針やメスといった解剖《かいぼう》用具まで入っていた。中学生の夏、家の二階でこっそりトノサマガエルを解剖してみることにした。エーテルのような麻酔《ますい》薬がなかったので背骨に針を突き刺すセキズイ麻酔というのを試《ため》してみたのだがいくら刺してもうまくゆかない。何度もやってるうちに突然恐《おそ》ろしくなって思わずカエルを窓の外に放り投げてしまった。あとで家の人から聞いた話だが、廃品《はいひん》回収のおじさんが仕事をしていたらどこからかカエルを投げつけられたと怒《おこ》っていたそうだ。

実験台
イヌは大切な友だち

●Uさんはイヌはエサをどれだけがまんできるか実験しました。4分でよだれが出てきて、ダメと言ったのに9分7秒でとうとう食べてしまいました。

●Iさんはイヌにエサをやる前に「まて」をさせて1分間に何滴《てき》のよだれが出るか「よだれと時間の関係」を調べました。よだれは時間がたつにつれて減ることがわかりました。

●Nさんはイヌの舌をくわしく観察しました。

●Hさんの家のイヌは虫歯になりました。

●イヌがさわられるといやなところは、鼻、耳、足、尻尾《しっぽ》だと本に書いてありましたが、Sさんの家のミニーはどこをさわっても喜びました。一番気持ちいいところはお腹《なか》です。

●Oさんはイヌを回転イスに乗せてくるくる回してみました。50回まわしたらハアハア言いながら転びました。

●Sさんはイヌにお酒を飲ませてみました。くしゃみが出て、フラフラして、ネコみたいに顔をこすっていました。

●Kさんがお正月にイヌにおもちをやったら、歯の裏側にくっついてとれなくて困っていたそうです。

●Hさんの家のイヌはリコーダーの高いラの音かシの音で共鳴します。

●Sさんの家のイヌはSさんが「ワン」というと首をかしげます。「ワンワン」と言い続けるとどんどんかしげてゆき、限界になると今度は反対にかしげます。

●Sさんの家のイヌはクッションの上で寝《ね》ます。暑い日は日かげに、雨の日には犬小屋の中に、自分でクッションを移動させて寝ます。「お手」は覚えないのに自分のことには頭がいいのだそうです。

●Hさんの家のイヌはまぢかで目が合うと上を向きます。

●Kさんはイヌは何を食べるか、キュウリ、プリン、ミカン、紙、ジャガイモをやってみました。Kさんの家のイヌは何でも食べてしまうことがわかりました。

●Kさんは、イヌは1分間にどれくらい舌をだしているかはかりました。朝は0秒でしたが、食後は18秒、散歩後には、53秒舌を出していました。

●Tさんはイヌにやると怒《おこ》ることベスト5を調べました。1位はエサをとること、2位は口をふさぐ、3位はしっぽをつかむ、4位は両足をつかむ、5位はひげを引っ張ることでした。

●Wさんの家のイヌはお腹を上にして寝ます。家族はこれを「あじのひらき」と呼んでます。

●Iさんは「ネコ舌」はあるけど「イヌ舌」はあるのか、イヌに温かくしたエサをやってみましたが、ガツガツと食べ、「イヌ舌」はないことがわかりました。

●Tさんはイヌと一緒《いっしょ》に寝てみました。イヌも寝言を言うそうです。

●Kさんは、家族の1分間の呼吸数を数えてみました。ヒトの平均は14回でしたがネコは24回、イヌはハーハーと速くて測れませんでした。

ペット
可愛《かわい》い家族たち

●Eさんの家のハムスターはおそばが好きです。

●Kさんのいとこのお姉さんの家のハムスターは、輪を外から回します。

●Yさんの家のハムスターは、輪の回る速さについてゆけず、すぐこけます。

●Mさんの家のハムスターはほお袋《ぶくろ》の中にヒマワリの種を15～20個くらい入れます。先代は60個詰《つ》め込《こ》んで、変な顔になったりしていたそうです。

●Sさんはペットのイグアナをいろいろな物でおどかす実験をしました。ウサギのぬいぐるみにはかみついていましたが、木でできたカメはまくらにして寝てしまいました。

●Sさんはテレビでイグアナが泳いでいるのを見て、Sさんの家のイグアナも泳がせてみようとしましたが、死んだように浮《う》いているだけでした。

●Iさんの家には昔からアオダイショウが住んでいます。お父さんの小さい時からいるからお父さんより歳《とし》が多いらしいです。

災難

ネコはとっても可愛い

●Nさんはいろいろな方法でネコを驚《おどろ》かせて、驚き方を研究しました。ビクッとしたあと必ず驚かせたものを見てから逃《に》げ出します。

●Mさんの家のネコは背中にガムテープを貼《は》られると「ほふく前進」をします。

●Yさんはネコは酔《よ》っ払《ぱら》うか実験しました。日本酒を飲ませたあと5分でフラフラし、10分で興奮状態になり、実験は成功しました。

●Kさんはネコのタルを3日間追跡《ついせき》し、テリトリー、毎日のスケジュール、交友関係

を明らかにしました。

●Sさんの家のネコの鼻は白の時とピンクの時があります。体温が38℃をこえるとピンクになっていました。

●Kさんは、ネコは自分のひげの幅《はば》の所までなら通れると聞き実験しました。半分の幅の所までは通れましたが、それ以下は無理でした。

●Oさんは子ネコが生まれたので、へそのおを切ったりして母ネコを手伝いました。

●Iさんの家のネコは音の高さによって耳の角度が変わります。

●Hさんはネコのノミは平均40㎝跳《と》ぶことを調べました。

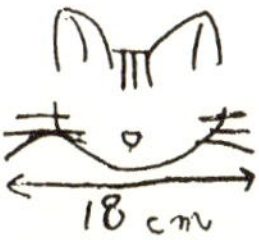

●Yさんはネコの顔の観察をしました。ネコの目は暗い所ではでっかく、明るい所ではほとんど線になります。

●Kさんはネコが病気なので薬をやっています。歯を見たら門歯がすごーく小さいことに気がつきました。

●Mさんは「ネコが顔を洗った時、手が耳を越《こ》えると雨がふる」というのは本当か調べてみました。耳を越えた日は10日ありましたが、そのうち実際に雨が降ったのは2日だけでした。

●Sさんは、ネコは本当に1日20時間も寝《ね》るのか調べました。18時間20分寝てました。

●Tさんはネコのどこを踏《ふ》むと1番怒るか調べました。しっぽが1番でした。

バードウォッチング

都会でできる鳥の観察

●Tさんの家に来るヒヨドリはドッグフードが好きです。赤い色のドッグフードだけ食べてゆきます。

●Sさんは公園のハトはどこまでついてくるか実験しました。エサをやり続けるかぎりどこまでもついてくることがわかりました。

●Mさんは「ニワトリの敵」は何か調べました。ほうき、ちりとり、ジョロ、カギのうちでは、ほうきが1番「敵」のようです。

●Yさんはウズラと競争しました。幅跳びではYさんは2・92m、ウズラは2・53m

と、Yさんの勝ちでしたが、まばたきはウズラは30秒で50回、脈は30秒で121回もあり、とてもかないませんでした。

魚

食べるだけじゃなくて触《ふ》れてみよう

●Nさんはアユの解剖《かいぼう》をしました。おいしかったそうです。

●Oさんの家のメダカは水槽《すいそう》に青とオレンジの紙をはると青の方に行きます。紙を回すと青の紙に合わせて回ります。

●Nさんの家の海水魚のクマノミは電気を消すとイソギンチャクの中に入って寝ます。

●Yさんは熱帯魚の水槽に氷を入れてみました。グッピーは興味を持ってつついていましたが、ネオンテトラは恐《こわ》がっていました。このあと水温が下がってしまいました。

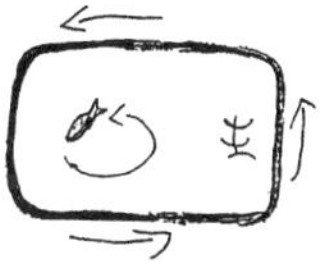

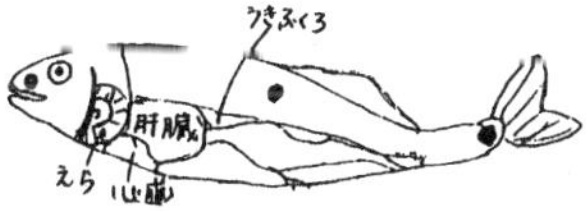

●Kさんは近くの海で巻貝をたくさん見つけました。なぜかみんな右巻きだという不思議なことに気がつきました。

●Tさんは御前崎《おまえざき》の海岸で化石みたいなのを見つけました。ヒザラガイという原始的な貝の仲間です。

●Mさんは貝の殻《から》の模様の対称《たいしょう》性を調べました。ハマグリは60％が対称なのにアサリは20〜30％しか対称ではありませんでした。

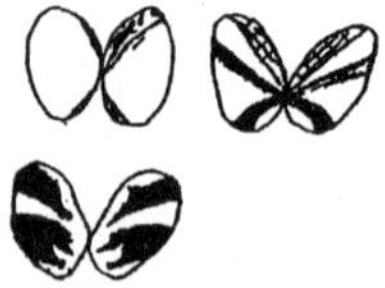

●Mさんは横浜の海でクラゲを見つけました。泳ぐ速さを計ったら秒速3・75㎝でした。

●Sさんはサイパンの海でナマコを踏《ふ》んでしまったら紫色《むらさきいろ》の血らしいものが出てきたそうですが、それはたぶんナマコではなくアメフラシでしょう。

●Mさんは水族館でいろいろな魚を見てきました。「オジサン」という魚もいました。

●Hさんは大井川港でナマコとアメフラシを見つけました。

●Kさんは大阪の海遊館で巨大《きょだい》なジンベイザメを見てきました。大きいけど食物はプランクトンです。

●Iさんは三保《みほ》の恐竜《きょうりゅう》の博物館に行ってシーラカンスが好きになったみたいです。

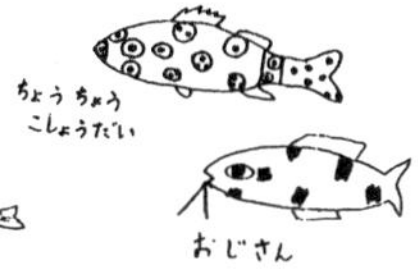

●Nさんは御前崎で地引き網《あみ》をやっていろいろな魚を捕《つか》まえました。

●Yさんは清水港に夜釣《よづ》りに行き、魚も虫と同じように光に集まることがわかったそうです。

●Kさんは焼津《やいづ》の夕市に行って、ノドグロという魚を見つけました。深海から一気に引き上げられたので、気圧の差で口から胃袋《いぶくろ》が飛び出していました。

●Aさんはカサゴを解剖しました。心臓は30分くらい動いていました。

●Iさんは貝が潮を吹《ふ》くときどのくらい飛ば

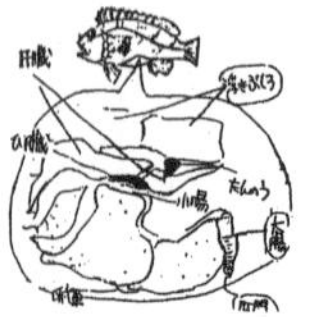

すか測りました。38㎝飛びました。

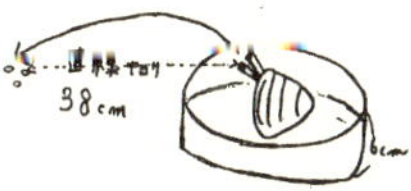

●Tさんがハマグリの口みたいな所に塩を入れると水を勢いよく出しました。ビールを入れると1番多く出しました。砂糖では何も反応しませんでした。

●Yさんによる瀬戸川《せとがわ》のカマツカの捕まえ方です。

●Yさんによる稚魚《ちぎょ》の捕まえ方です。

清先生の理科少年記

4

日光写真というのがあって、鉄人28号かなんかが描《か》かれた薄《うす》い紙を印画紙の上に重ねて日光に当てると鉄人が写ってる、ってのがあった。マンガ雑誌の付録に「写真機」がつくこともあって、小さなレンズがついたボール紙を組み立てて印画紙を入れて明るい所に置くと景色が写るというものだった。うまく写せなかったけど、こうして自然にカメラの原理をわかっていった。

中学生になったとき父から古いカメラをもらった。全部手動式だった。手動式だから仕組みが全部丸見えだった。

月食があった。屋根に登って三脚《さんきゃく》を立てこのカメラを取りつけた。何分置きかにシャッターを切って月が欠けてゆく連続写真を写した。

雪

私の上に降る雪は……

●Kさんは雪を比べてみました。人工雪は転んでみたら、かたかったそうです。

●Sさんはリフトの上から、リフトから人が落ちたらしい跡《あと》を見つけました。

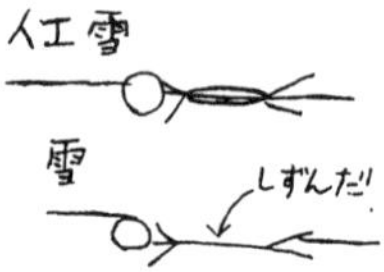

●Mさんもスキー場で自然の雪と人工の雪の違《ちが》いを比べました。人工の雪はベタベタしていてにぎるとすぐ固まるので、雪合戦で当たると痛いそうです。

●Hさんがスキー場で見た雪は「丸」ではなく、細長い形をしていました。

●Ｉさんはスキー場で雪の結晶《けっしょう》を調べました。

●Ｆさんは人工雪を作ろうと、夜中の１時すぎに外に出て霧吹《きりふ》きでシュッとやったけど、できませんでした。

●Ｎさんはスキーに行ってウサギの足跡を見つけました。

●Ｙさんはスキー場で1.5ｍはあろうかというつららを見ました。

●Ｍさんはリフトに乗っていて、標高１５００ｍの所で風速30ｍの風と雪のためリフトを止められてしまい、すごく恐《こわ》かったそうです。

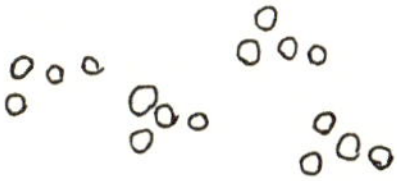

虹《にじ》ができた

七つの色をいえますか?

●Sさんの家のドアのガラスはきれいな虹ができます。

●Yさんは花に水をやるとき、水を太陽と反対側に出すと虹ができることを発見しました。

●Uさんがホースで水をまいたら虹ができました。空の虹は半円だけどホースの虹は1周していました。

●Mさんは水の中に斜めに鏡を入れて虹を作りました。水をゆらすと虹もゆれます。

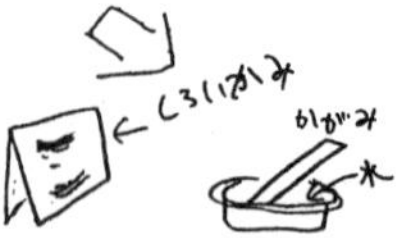

宇宙の神秘

満天の星を見たことがありますか?

●Kさんは夏休みに渥美《あつみ》半島で、1時間に22個の流れ星を見ました。

●Iさんはオリオン座の観測をしていて「冬の大三角形」を見つけたので、ベランダに吊《つ》り下げたビニールに1時間ごとの位置を書き込《こ》みました。

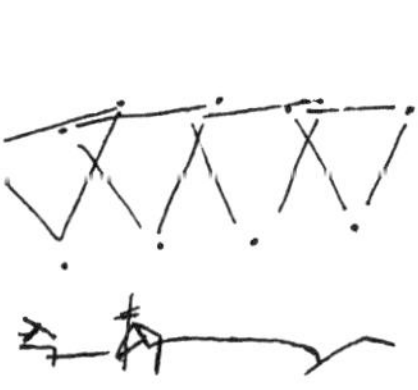

●Sさんはハワイで日の入りを見ました。日本よりひと回り大きく見えたそうです。

●Kさんは夕方スペースシャトル・コロンビアを見ました。飛行機よりもずっと高いところを飛んでいました。

●Oさんは、太陽は自分で光っているのにどうして西に沈《しず》むときは色が赤く変わるのか不思議だそうです。

●Tさんは1月3日の11時30分頃《ころ》、犬の散歩をしていて流れ星をお姉さんが3つ、Tさんも3つ見つけました。おみくじも大吉《だいきち》で、いい年になりそうだとのことです。

●Sさんは、夕方東に出てきた満月はすごく赤いのに、9時頃には普通《ふつう》の黄色に戻《もど》っていることに気がつきました。

●Mさんは冬に見た夕日は南側にあったのに、6月に見た夕日は北側にあることに気がつきました。

●Mさんの話では、ハワイの半月は横ではなく、下が光っているそうです。

●Oさんは月を観測しました。夜と朝とではウサギが逆さまになっていました。

●Tさんは月の模様が「オニがウサギを持ち上げている感じ」に見えるそうです。

●Sさんは「ガチャガチャの玉の透明《とうめい》な方」を使って太陽の日周運動を記録しました。

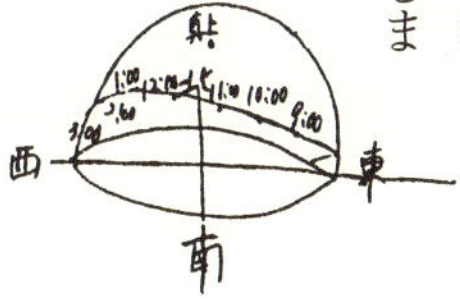

空

雲を見ながら眠《ねむ》ってしまってもいいかな

●Aさんは「台風」と「晴」の境目を見ました。

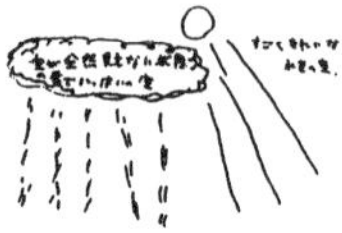

●Iさんは冬休みに沖縄《おきなわ》に行って、沖縄は夕方6時になってもまだ明るいことに気がつきました。このくらい明るければ学校の帰りも楽だなと思いました。

●Yさんは雨が降るといつも調子が悪くなるので、自分は太陽エネルギーで動いているのではないかと思っているみたいです。

●Hさんが計ったら、学校に着くまでの時間が晴れの日と雨の日で8分も差がありました。雨の日は暗い気持ちになってゆっくりゆっくり歩いてしまうからだそうです。

気体

ドライアイスっていったい何者?

●Kさんは紅茶の湯気をハンカチにしみ込ませ、色やにおいから湯気は紅茶ではなく、そのままの水でできていると考えました。

●Iさんは冷水の時はコップの外側に小さな水滴《すいてき》が、熱湯の時は内側に大きな水滴がつくことを発見しました。

●Tさんは、炭酸水を凍《こお》らせるとドライアイスになるかやってみましたが、なりませんでした。体積が倍になって泡《あわ》がいっぱい入っていました。

●Mさんは湯気も熱湯と同じくらい熱いことを発見して、やけどをしてしまいました。

●Fさんは炭酸水を作ろうと30分間水に息を吹き込んでみましたが、温かくなっただけでした。もう一度炭酸水をつくろうと、今度は家族3人で息を吹き込んでみましたが、やっぱり温かくなっただけでした。

●Nさんはテレビ番組で「ドライアイスはレンジでチンしてもとけない」と言ってたので、確かめてみました。

●Sさんはドライアイスから出た気体を入れた袋《ふくろ》を冷凍庫《れいとうこ》に入れておきましたが、ドライアイスには戻《もど》りませんでした。

●Sさんは電車に乗るときメガネがくもって困っています。そこでくもり止め調べをしました。鏡に水、酢《す》、油、砂糖水、塩水、市販《しはん》のくもり止めを塗《ぬ》って、家庭用加湿《かしつ》器《き》でくもらせてみたところ、やはり市販のものが一番で、塩水も二番目に効果がありました。酢は臭《くさ》すぎてダメでした。

●ＴさんはＴＶで「ガムをとるにはドライアイスで凍らせるとよくとれる」と聞いたので本当か試《ため》してみました。本当でした。氷ではとれませんでした。

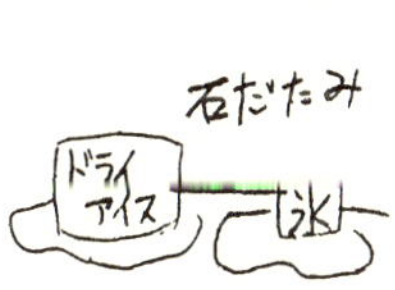

気圧

ふくらんだのはなぜ？

●Sさんがキャンプに行ったらスナック菓子《がし》の袋がふくらんでいました。標高800mあたりからふくらみ始めました。

●Aさんはコーラのビンの中で風船をふくらませてみようとしましたが、ふくらみませんでした。すごく疲《つか》れたようです。

●Iさんがスキーに行った時、ポテトチップスの袋がパンパンになっていました。家に持ち帰ったら元どおりになりました。スキー場で買ったのはどうなるかと思ったのですが途中《とちゅう》で食べてしまいました。

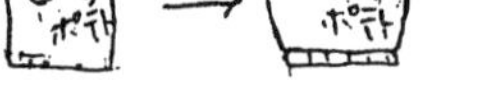

●Oさんによると紙パックのジュースを半分飲んだところでストローで息を吹《ふ》き込《こ》むと飲み物が飛び出てきます。もったいないけど結構遊べます。

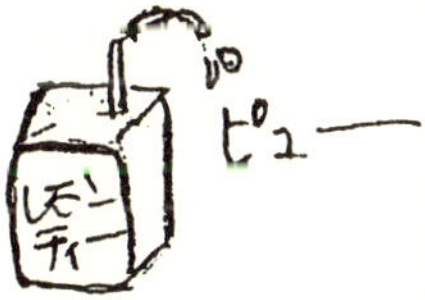

音

いろいろな音を聞いてみよう

●Mさんは救急車が向かって来るときはピーポーのピーにアクセントがあるのに、追い抜《ぬ》いたとたんポーに移るのはなぜか一緒《いっしょ》に走ってみればわかると思ったのですが、すぐに抜かれてしまいました。

●Kさんは救急車の音が途中《とちゅう》で低くなるのは自分のいる所より前に出た時だということに気がつきました。

●Kさんが細長い花ビンに水を入れるとコポコポコポ～ッと音が高くなってゆきました。ドップラー効果だと言ってます。

●Wさんがドライヤーを床《ゆか》にあてるとウゴーンと鳴りました。イヌにあてても音はしませんでした。

●Hさんの研究では、からのコップをたたいたときの音は、口が広いほうが大きく、浅いほうが高い音が出ます。

●Wさんはジュースの入っていたグラスにはしが当たった音が、飲む前と後で違《ちが》っていたので、水の量と音の高さの関係を調べました。水が多くなると音が高くなることがわかり、「カエルの歌」を演奏しました。

●Kさんによると、オロナミンCのビンを吹くときは、水が多いほど高い音が出ます。

●Nさんはいろいろな物をたたいて音が何秒続くか計りました。「仏壇《ぶつだん》に置いてあるヤツ」は20秒続きました。

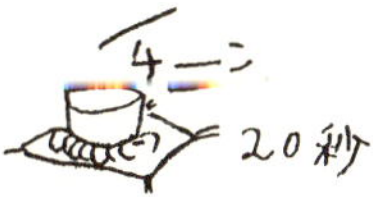

●Sさんの研究によると、扇風機《せんぷうき》の前で「アー」と声を出すと「アウアウアウアー」

となるのは、扇風機からの距離《きょり》が35㎝以内までだそうです。

●Tさんは、扇風機の前で「アー」と言うと「ブアー」と聞こえるけど、うちわであおぎながら「アー」と言うとどうなるか、グラフに表わしてみました。うちわを回転させると扇風機の「ブアー」に近くなります。換気《かんき》扇《せん》でもできるそうです。

●Hさんはコップに水を入れて音階を作り、メリーさんの羊を演奏しました。ミとファの水の差は小さく、ファとソの差は大きいのだそうです。

●ガラスのコップに水を入れてコップのまわりを指でこするときれいな音が出ます。Oさんの調べたところでは中に入っている水は少ないほど高い音が出ます。

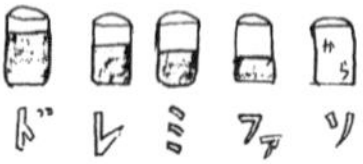

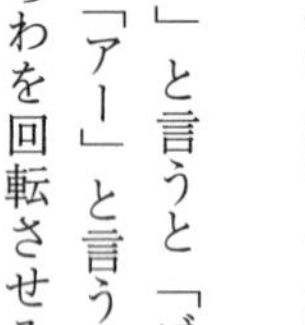

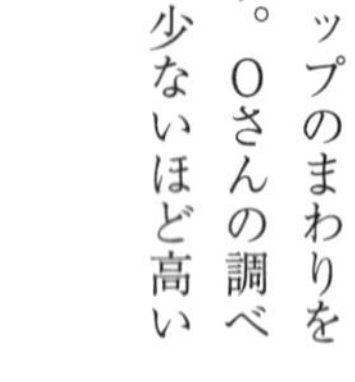

●Nさんはグラスに同じ量の水などを入れ棒でたたいてみました。水と食塩水の音は同じでしたが砂糖水は他《ほか》より低い音でした。砂糖は溶《と》けが悪く、音の通しを悪くしていると考えました。

氷と凍《こお》る
誰《だれ》でもいつでもできる氷の実験

●Oさんは１００ｇの水を凍らせました。氷になると軽くなると思っていたのに重さは変わりませんでした。

●Nさんは、凍ると本当に体積が増えるのか確かめてみました。本当に増えました。

●Oさんは、ゼリーや野菜ジュースも凍らせるとパックがふくらむことを発見しました。

●Uさんは、コップに浮《う》かべた氷がとけても水はあふれないことから、北極海に浮かぶ氷山が全部とけても海面は上がらないことを確かめました。

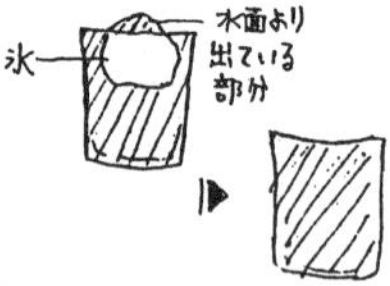

●Nさんは水が氷になるのは0℃だと聞いていたので測ってみましたが、0℃ではなく4℃でした。

●Yさんは氷の入った水はずっと0℃か調べました。初めは2℃で、氷が小さくなると4℃になりました。0℃になんて一度もなりませんでした。

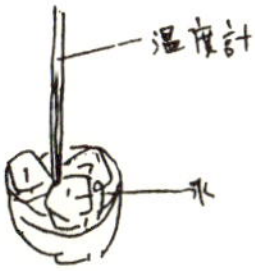

●Mさんはソースやケチャップを凍らせてみました。シャーベットと氷の中間みたいになりました。

●Kさんはいろいろなものを凍らせてみました。砂糖水、オレンジジュース、牛乳は凍り、塩水はもうちょっと、しょう油はまったく凍りませんでした。

●Kさんはしょう油でもずっと入れておけば凍ると思って、冷凍庫《れいとうこ》に4週間入れておきましたが、やっぱり固まりませんでした。

●Oさんは飽和《ほうわ》食塩水を5時間冷凍庫に入れておきましたが、やはり凍りませんでした。溶けきれなくなった食塩が結晶《けっしょう》になっていました。

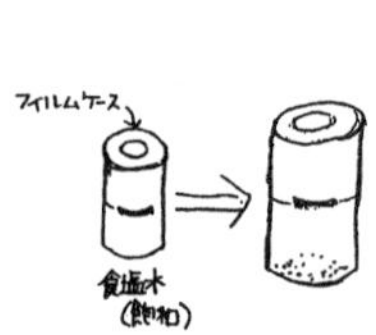

●Tさんは氷に塩を入れると0℃より低くなるのは本当か調べました。マイナス1℃になりました。

●Tさんは氷に塩を入れていって温度の下がり方を調べました。マイナス6℃まで下がりました。

●Iさんは氷に塩をかけると温度が下がるけど、水に塩を入れても温度は同じだということを発見しました。

●Sさんはテレビで見てアイスを作ってみました。ジュース入りの袋《ふくろ》を塩を入れた氷の袋の中に入れシェイクするとおいしいアイスができました。塩入りの氷は0℃以下にしてしまう力があるのだそうです。

●Kさんは水、氷、塩を入れた入れ物にヨーグルトなどの入った袋を入れて、アイスキャンデーを作りました。

●Mさんは塩をかけると氷がくっつくと聞いて指にくっつけようとしましたが、冷たくて続行不可能だったそうです。

●Mさんは、氷を指にくっつける実験に再挑戦《さいちょうせん》しました。今度は塩はかけずに冷凍庫の中でやったらくっつきました。さらに冷たい所に置くと指が痛くなること、氷は舌ベロにもくっつくことなどもわかったそうですが、やりすぎると凍傷になるよ。

●Yさんは、理科Iで水は凍ると体積が増えると習ったので調べてみました。凍らせ

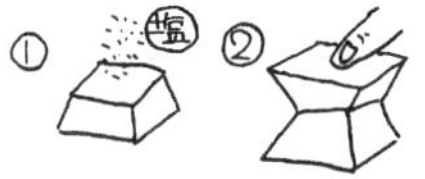

ると高さにして7㎜も増えました。それなのに重さは40gのまま変わらないのはどうしてか疑問だそうです。

●Tさんはアイスクリームを扇風機の前で食べると普通《ふつう》の場所で食べるより早くとけてしまうことを発見しました。アイスが風で冷えるわけではありませんでした。

●Uさんは、よくテレビでバナナを凍らせるとクギを打てると言ってるので、1時間凍らせてみました。たたけるけどクギを打てるほどではないそうです。

●Tさんも凍らせたバナナでクギを打ってみようとしました。9時間凍らせたバナナでやっと打てましたが、バナナの方が削《けず》れてしまいました。何で凍らせたらトンカチみたいに固くなるのだろうと疑問に思っています。

●Kさんは魚屋さんで「氷に塩をかけるととけにくい」と聞き、かけてみましたが、予想とは反対に、とけるのは塩のほうが早く、凍らせるのには塩水の方が時間がかかることがわかりました。

●Kさんは「ポケモン氷づけ」という実験をしました。氷の上にポケモンメタルコレクションを置いておくとゆっくり氷に入ってゆきます。半分入ったら上から塩をかけると氷から抜《ぬ》けなくなりました。

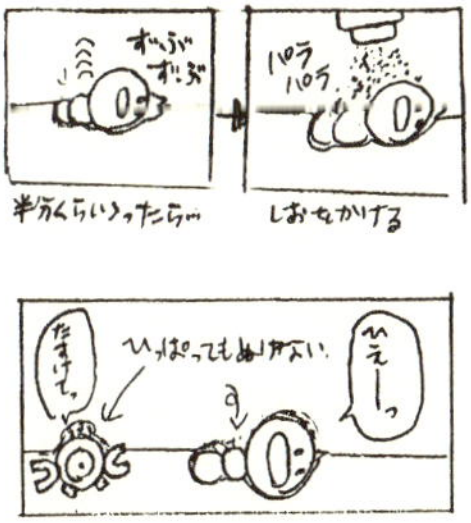

清先生の理科少年記

5

　四年生の時だったと思う。夏休みを前にして「採集図鑑《ずかん》」というのが全員に配られた。大好きな虫採りも標本にすれば理科の宿題になることがうれしかった。

　ぼくは四年生では「植物採集標本」、五年生でカナブンなどの「昆虫《こんちゆう》採集標本」、六年の時は「チョウの鱗粉《りんぷん》転写標本」を出した。

　夏休みの宿題はまとめて講堂に展示された。ぼくの友達の採集したチョウは、きれいにはねを広げられてカステラか何かの箱に並べられてあった。中にきれいに光るミドリシジミの標本があった。ぼくもいつか採りたいなと思った。

アリの観察

じっと見ていると面白《おもしろ》い

●Mさんは、アリはアメ、砂糖、キャラメルのどれに多く来るか実験しましたが、どれにもいっぱい来て数えられませんでした。

●Tさんはアリは甘《あま》いものの中で何が好きか、シロップ、砂糖、洋梨《ようなし》ゼリーなどで調べましたが「甘い匂《にお》い」だけのバニラエッセンスには1匹《ぴき》も来ませんでした。

●Hさんがアリを踏《ふ》んでしまったら、たくさんのアリが近寄ってきてケガしたアリを巣に連れ帰ろうとしていたそうです。

●Kさんはどら焼きをアリが運ぶ様子を観察しようとしました。いつまでたっても来

ないのでハチミツをまいてみましたが、次の日も、その次の日もアリは来ませんでした。

●Kさんはアメに殺虫剤《さっちゅうざい》をまいて置いといたら、1日目はアリは1匹も来なかったけど、2日目になるとたくさん集まっていたので、殺虫剤の効果は1日だけということがわかりました。

●Oさんは、大きいアリと小さいアリの力関係を調べました。それから、Oさんの手作りのクッキーだけはなぜか持っていきませんでした。

●Yさんはものすごく大きなアリにかみつかれました。

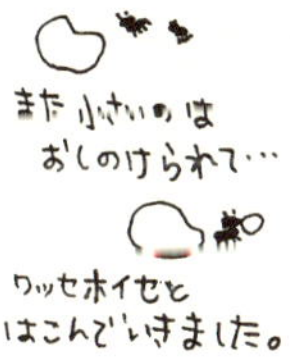
また小さいのは
おしのけられて…
ワッセホイセと
はこんでいきました。

●Iさんはアリを10匹ずつ容器に入れ、冷蔵庫、日かげ、日なたに置いたところ、日なたのアリは30分くらいでほとんど死んでいました。アリは暑いところは苦手なことがわかったそうです。

●Nさんの観察によるとシンガポールのアリは落ち着きがないそうです。

●Uさんはアリをよく観察していて、アリにも巣の近くでうろうろしているだけでエサを運んでいないなまけ者がいることを発見しました。

●Hさんは紙の上に甘い砂糖、しょっぱい塩、酸《す》っぱいクエン酸を置いてアリの集まりぐあいを調べました。砂糖にたくさん集まりましたが、1匹だけクエン酸を一心になめていて、多くのアリの中には好みの違《ちが》うアリもいることがわかりました。

●Sさんの実験によると、アリはコンタクトレンズの液にもたくさん集まるそうです。

●Kさんはアリの触角《しょっかく》の大切さの研究をしました。そのままだと真っすぐ歩けるアリも、触角を1本とると真っすぐに歩けず、石をなかなかよけられず、歩き方も遅《おそ》くなりました。

カタツムリとナメクジ

なぜだか人気者

●Kさんはナメクジは塩に溶《と》けてなくなってしまうか、濃《のう》度《ど》の違う食塩水をかけてみました。半分に縮んでも、なくなることはありませんでした。

●Wさんはナメクジに酢《す》をかけてみました。とても早く縮こまり、食塩やしょう油よりも小さくなりました。

●Wさんはナメクジに塩をかけた後で水をかけてやると元気になるか実験しました。塩かけ1分後に水をかけたのは元気になりましたが、5分後では全部死んでしまいました。

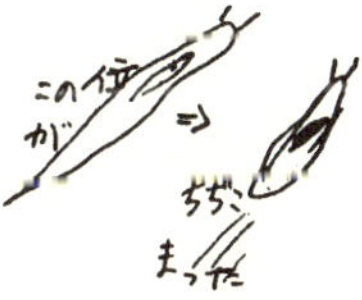

●Sさんはナメクジを、塩、砂糖、洗剤《せんざい》、こしょう、しょう油の中に入れておきました。ナメクジは何をかけても溶けてしまうことを発見しました。

●Sさんはナメクジに砂糖をかけてみました。砂糖がべっとりついたら死んでしまいました。ダンゴムシには砂糖はくっつかず、さっと身を丸めてしまったので、ナメクジの体のねちゃねちゃに関係があると考えました。

●Nさんはカタツムリのカラを取ったらナメクジになるか調べようとしましたが、どうしても取れませんでした。

●Sさんが飼っていたカタツムリが卵を産みました。赤ちゃんは生まれた時からカラがついていました。

●Yさんが玄関の変な虫にヘアスプレーのスーパーハードをかけたら固まってしまいました。水を1、2滴《てき》落としたら逃《に》げてゆきました。

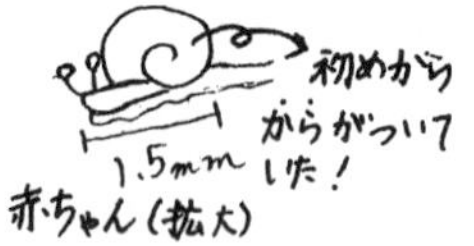

●Uさんはダンゴムシを冷凍庫《れいとうこ》に入れて冬眠《とうみん》させてみました。5分間だけ入れておいたものは動きだしましたが、それ以上入れておいたものは丸まったままかわいそうなことになっていたそうです。

●Kさんは「ナメクジはビールが好き」というのは本当か、夜うつわにビールを入れて豆の苗《なえ》の前に置きました。見張っている間はなかなか来ませんでしたが、朝見ると6匹入って死んでいました。

●Kさんはお風呂場《ふろば》の近くにナメクジがいたので46℃くらいのお湯をかけてみました。丸くなって苦しんでいたけどしばらくしたら元に戻《もど》りました。

●Aさんはナメクジの好きな食物を調べました。一番人気はピーマンでした。チョコレートも食べてありました。

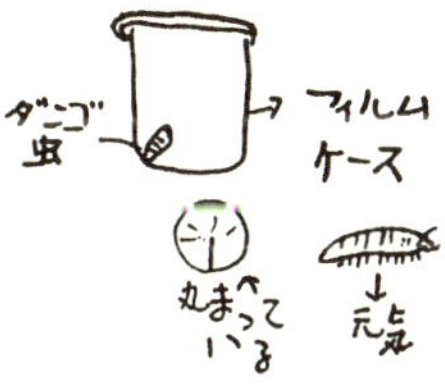

●小学校時代沖縄《おきなわ》に住んでいたIさんによると、沖縄には「アフリカマイマイ」という、普通《ふつう》のカタツムリのかるく5倍ぐらいあるのが、梅雨《つゆ》の時期には道にうじゃうじゃといるそうです。

●Kさんはお風呂場で塩をかけても砂糖をかけても平気なナメクジを見つけました。

●Hさんは、ナメクジに、砂糖、塩、こしょう、酢、味の素《もと》、パプリカ、などをかけてみました。粉せっけんが一番早く死にました。小麦粉では埋《う》もれちゃって、死んでるかどうかわかりませんでした。

虫の生き方

小さくとも一生懸命《けんめい》生きている

●Sさんはパセリの葉でキアゲハの幼虫を育てました。ウンチは1日で37個ありました。

●Nさんはセミは何日飼えるか実験してみましたが、1匹目は2時間で死に、2匹目も3時間で死んでしまい、1日ももちませんでした。

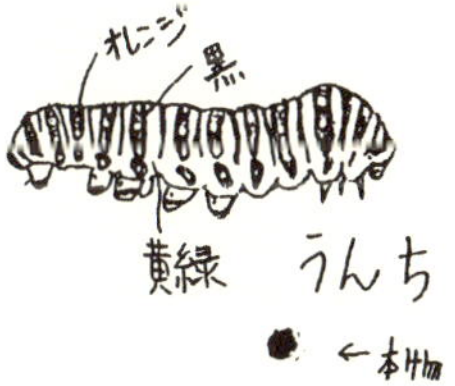

●Hさんによると、蚊《か》は寝《ね》ている時は耳元でブーンとうなっているけど日を開けると姿を消してうならなくなります。

●Uさんはアシタバの葉にいたキアゲハの幼虫がミカンの葉を食べるか実験しました

が、食べずにアシタバに戻ってしまいました。生まれたばかりの幼虫でもやってみましたが同じでした。

●Mさんはダンゴムシの観察をしました。足は14本もありました。

●Oさんはシャーレに枯葉《かれは》と5匹のダンゴムシを入れておきました。12日目に見ると枯葉はほとんど粉になっていました。

●Uさんは部屋の中でクモを見つけました。歌を歌うと歩き出し、やめると止まるので、クモは音を感じることがわかりました。

●Nさんは、ほこりの中に本当にダニがいるのか顕微鏡《けんびきょう》で調べてみましたが、わけのわからないものばかりでした。

●Kさんによると、静岡のセミはミンミーンミンミンとテンションが上がって元気いっぱいだけど、長野のセミはミーンミンミンミミーンとだんだん音が下がっていき最後は死んでしまいそうな声になるとのことです。

●Tさんはシロバンバを捕《つか》まえました。雪虫とも言って、アブラムシの一種です。

●Tさんはミノムシの糞《ふん》を観察しました。毎日少しずつ大きくなってました。

●Oさんはミノムシはどうやって葉を食べるか観察しました。ミノに体をかくして真ん中から食べます。

●Tさんの住んでいる所には湧《わ》き水がポコポコあって、ホタルがいます。

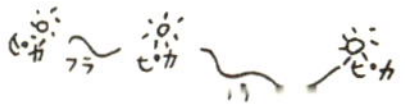

●Mさんは前に読んだ本に「ダンゴムシは水中に2時間以上もぐってられる」と書いてあったので試《ため》してみました。2時間たって心配になったので水から出すと、のそのそと動きだしました。

●Gさんはセミなどの死体はお腹《なか》を上に向けているのがほとんどだということに気がつきました。お母さんは、起き上がれなくなって死んだんだと言ってるそうです。

●Yさんは井川《いかわ》のキャンプ場のトイレでたくさんの虫を観察しました。

●Yさんはツクツクホウシの声が「ツクツクホーシ、アタマイーヨー」と聞こえるそうです。

●Kさんの家や隣《となり》の空き地の土の中から出てきた虫たちです。

生と死

小さな死から大きく学ぼう

●Tさんは、動物は高い所から落ちると死んでしまうがアリはどうか、3階からアリを落としてみました。下で妹に見ててもらったら、やっぱり死にませんでした。

●Kさんが熱帯魚を、熱帯魚だから熱い所が好きだろうと日なたにだしておいたら、死んでしまいました。

●Uさんは、キンギョは死ぬと一度沈《しず》んで、しばらくして浮《う》かんでくることを観察しました。

●Tさんは、魚は体温をまわりと合わせられると聞き、キンギョを冷凍庫《れいとうこ》で凍《こお》らせ、つぎに熱湯を注いでみましたが、

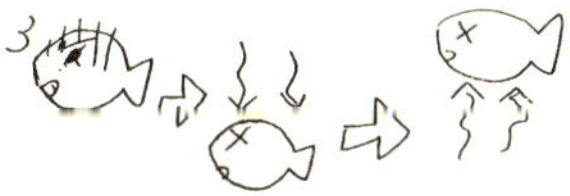

死んでしまいました。飼い主の妹に怒《おこ》られました。

●Hさんはアリを退治しようと、霧吹《きりふ》きで、しょう油、酢《す》、ビール、バスクリンをかけてみました。酢が1番効き目があり、ビールは逆効果でした。

●Tさんはアリを日なた、日かげ、冷蔵庫に入れておきました。冷蔵庫では動かなくなり、日なたではみんな死んでしまいました。

●Kさんがアリの頭と胴《どう》をカッターナイフで切ってみると、必死になって動いていて11分後に頭も胴体も同時に死にました。

●Sさんが車の排気《はいき》ガスを入れたビニール袋《ふくろ》にアリを入れておいたら30分後にみんな死んでしまいました。排気ガスは体に悪いことがわかりました。

●Mさんは、お風呂場《ふろば》のゴキブリはリンスで殺します。

●リンスでお風呂場のゴキブリを殺すMさんは今度はシャンプーで殺してみました。

●Yさんの実験によると、ゴキブリは制汗《せいかん》スプレーには強いけど、ガラスマイペットには弱いそうです。

●Kさんがゴキブリの触角《しょっかく》を切り落としたら、わけがわからなく回り始めたそうです。

蚊《か》

憎《にく》き蚊も学問すると愛《いと》しくなる

●Hさんは蚊に刺《さ》されるとどうなるか観察しました。蚊は1分14秒で吸い終わり、そのあと3分でふくらみ、7分でとてもふくらみ、7分15秒でがまんできずキンカンを塗《ぬ》ってしまいました。

●Sさんは蚊は二酸化炭素だけで生きられるか、蚊を入れたポリ袋に吐《は》いた息を入れてみました。15分後、袋を振《ふ》ると蚊は弱っているとみえ、落ちてしまいました。

●Gさんはアメリカに行ってたくさん蚊に刺されてきました。日本の蚊ではクニョクニョした形にふくれますがアメリカの蚊は丸くプクッとふくれます。

清先生の理科少年記

6

板切れにゴム動力のスクリューをつけた船を手始めに、飛行機、自動車、鉄道などいろいろな模型を作った。あれは知らず知らずのうちに電気とか力といった科学の基本みたいなものを五感を通して感じさせてくれるものだったと思う。

模型屋さんにはいろいろなレンズも売っていた。大きいレンズと小さなレンズを組合わせると望遠鏡ができた。凸《とつ》レンズと凸レンズで天体望遠鏡、接眼レンズを凹《おう》レンズにすると逆さにならない地上望遠鏡になった。筒《つつ》はボール紙を丸めたもので、内側に黒く墨《すみ》を塗《ぬ》った。

友達がそれで土星の環《わ》を見たと言っていたのがうらやましかったけど、ぼくは土星がどこにあるのかわからなかった。

植物

種も芽も花も実もみんな植物

●Mさんは絵の具を溶《と》かした水に花を生け2日後、茎《くき》を切ってみました。水の通り道は真ん中ではなくまわりの方でした。

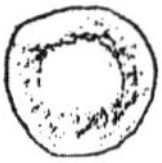

●Wさんは茎の長さの違《ちが》うパセリをコップに差し、どちらが水を多く吸い上げるか実験しました。長い方が多く吸い上げるかと思いましたが、短い方が少し余分にへりました。

●Hさんは花を水に浮《う》かべて水の減り具合を調べたところ1.7g減っていましたが、花を浮かべないものでも2g減っていたので、結局花は何も吸っていなかったことになります。

●Tさんはアジサイの色と土の関係をリトマス試験紙で調べましたが、青紫《あおむらさき》の花も赤紫の花も土は酸性でした。

●Oさんはタンポポの茎を水に入れると外側にカールするけど、飽和《ほうわ》食塩水に入れたら内側にカールすることを発見しました。顕微鏡《けんびきょう》で見たら、水につけたのはふくらんでいて、食塩水につけたのはぺちゃんこになっていました。

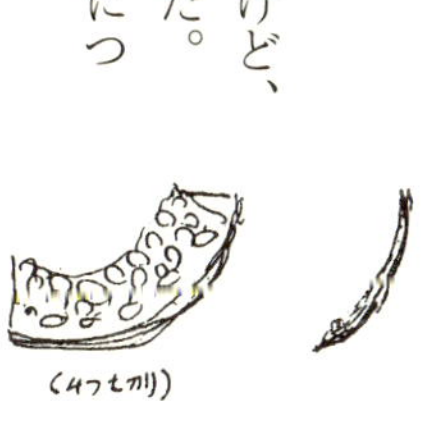

●Mさんは「植物を長持ちさせる薬」を見たらお砂糖会社で作っていたので、花を水、砂糖水、塩水につけておいてみたらやっぱり砂糖水につけたのが1番長持ちしたそうです。

●Kさんはポーチュラカの花が、日なたにあるものだけ開いているのに気がつきました。

●Kさんは夕方になるとしぼむ花に昼間布をかぶせてみたらしぼみましたか、夜明るく照らしても開きませんでした。

●Kさんはタンポポの花は9時から4時までは咲《さ》き、6時には閉じてしまうことがわかりました。

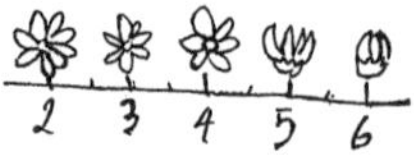

●Sさんの見つけた1番大きなタンポポは花の茎が84cmもありました。近くには昔よくキンギョの死体を埋葬《まいそう》していたのだそうです。

●Aさんはダイズの袋《ふくろ》に「豆は生きています」と書いてあったので生きているかどうか調べましたが、いつまでたっても芽は出ませんでした。

●Sさんの実験では、玄米《げんまい》、もみつきのお米は芽が出ましたが、白米だけは芽が出ずかわりにカビが生えました。

●Mさんの実験では、話しかけたり音楽を聞かせてたヒマワリの方が多く発芽しました。

●Sさんは、ゴマは何の種か調べようとしましたが、芽は出ませんでした。「いりごま」だったためだと思います。

●Kさんの実験ではカイワレダイコンは水では育つけど、ジュースでは育ちません。

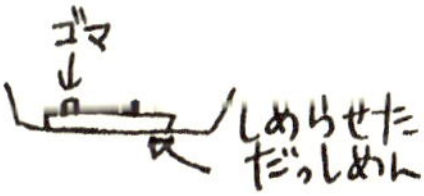

●Sさんはヒョウタン型のブドウを見つけました。小さい方にもしっかり種が入っていました。

●Sさんがミカンを電子レンジであたためてみたら1分後に破裂《はれつ》してしまいました。汚《よご》れたのでお母さんに見つからないようにふきました。

卵

コロンブスになれるかい

●Mさんは食塩水に卵を浮かべる実験をしました。全部沈《しず》んでしまいました。Mさんは今度は食塩を入れたお湯に卵を入れてみました。やっぱり全部沈んでしまいました。

●Sさんが300ccの水に30gの食塩を入れたら、卵は完全に浮きました。

●Tさんは卵の入った200ccの水に食塩を少しずつ入れて行きました。30gでタテになり、50gで水面から出、100gで真横になりました。砂糖ではだめだったそうです。

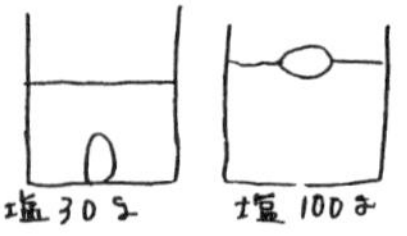

●Aさんの実験によると、卵は濃い塩水に浮くのに、ビー玉はいくら濃くしても浮き

ませんでした。

●Kさんは卵は塩水だけでなく、砂糖水でも浮くことを発見しました。

●Wさんが濃《こ》い食塩水に卵を浮かべておき、水を少しずつ加えて薄《うす》めてゆくと、卵が水中で静止しました。

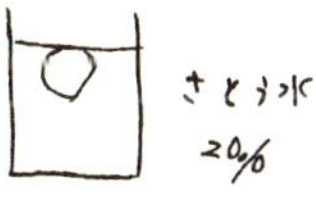

●Aさんの家の茶色いニワトリは茶色い卵を産みます。味は白い卵と同じです。

●Hさんのお母さんが朝、目玉焼きをつくろうとして卵を割ったら、黄身のない白身だけの卵だったそうです。

●Mさんは、皮をむいたゆで卵と、皮をむかないゆで卵を12日間冷蔵庫に入れておきました。むいた方は白身が透明《とうめい》になってベタベタして臭《くさ》くなっていたそうです。むかない方も臭いにおいがしたそうで、やっぱりゆで卵は2、3日のうちに食べなければいけないことがわかりました。

●Nさんは、夏の車の屋根で目玉焼きを作ろうと、卵を落として4時間置きましたが、乾《かわ》いて固まっただけでした。そこでつぎに車の中でゆで卵を作ろうとしましたが、59℃までしか温度が上がらず失敗しました。

●Kさんは、ウズラの卵を酢《す》につけておきました。3日後、卵の殻《から》はとけてしまいましたが、模様のある薄い膜《まく》だけは残りました。だから、模様の部分と、殻では、物質が違うだろうと考えました。

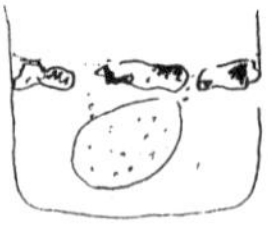

●Sさんはゆで卵はゆでる時間が長いと黄身のまわりが黒くなることを調べました。あと、冷やし方も関係があるみたいです。

●Mさんはゆで卵と生卵の違いを調べました。横に回すとゆで卵はよく回るけど生卵はあまり回りません。

虫めがねとレンズ

大きくなったり、逆さになったり

●Iさんが1個の虫眼鏡で逆さに小さく見えたものを、2個目の虫眼鏡で大きくしようと思ったら、よけい小さくなってしまいました。

●Sさんはルーペを反対側から見ると小さくなるかと思ったのに、別に変わりありませんでした。

●Tさんはイヌの糞《ふん》を虫眼鏡で焼いてみました。煙《けむり》が出てすごく臭くなってしまいました。

●Nさんはインターホンでお客さんを見ると、ほおがこけて見え、ドキッとするそうです。

●Mさんは「テレホンカードの穴からのぞくとよく見える」と聞いたので、視力検査表で調べてみたら、本当に見えなかった記号が見えました。

●Kさんは凸《とつ》レンズで外を見たら景色が逆さに見えたので、もう1枚凸レンズを重ねて見ましたがやっぱり景色は逆のままでした。凹《おう》レンズを重ねたら普通《ふつう》に見えるようになりました。

●Hさんは、スプーンのへこんだ面に顔を写して見ると逆さに大きく見え、ふくらんだ面では小さいけど逆さにはならないことを発見しました。

●Iさんは5円玉の穴に水を入れて下の字を見る実験をしました。ポコとなっているときには大きく見え、ペコとなっているときは小さく見えます。

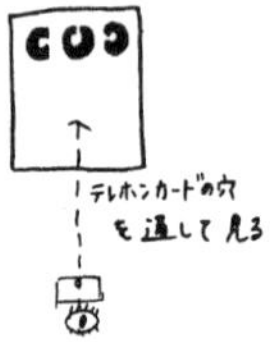

●Oさんはコップの中にストローをいれて横から見ると切れて見えたり上が太く見え、文字を向こう側のコップすれすれに置くと大きく見えるのに、離《はな》すと小さくて左右が逆になることを発見しました。

百聞は一見にしかず

学問も根性《こんじょう》と努力だ

●Mさんはタンポポの綿毛の数を数えました。２３３本ありました。

●Eさんはネギ坊主《ぼうず》はたくさんの花が集まってできていることを発見しました。数えてみたら２５７個ありました。

●Tさんが数えたところ、ヤツデの葉は８枚ではなく９枚が１番多かったそうです。

●Kさんはインゲンマメの中の種を数えました。平均6.3個でした。

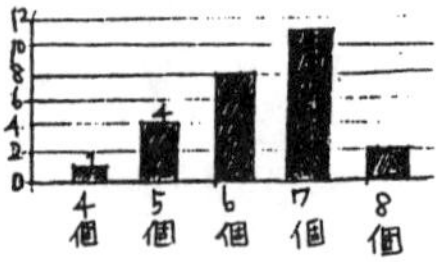

●Kさんが量ったら４８０ｇのさや入りソラマメのうち３８０ｇが食べられないゴミでした。

●Mさんの家族はミカン好きで３日間で50個のミカンを食べました。１つのミカンに９～12個袋《ふくろ》がありダントツに多いのが11袋でした。

●Kさんは夏みかんの袋の中の粒《つぶ》を数えました。多いものでは３８３粒もありました。

●Nさんはミカンの皮のツブツブの数をボールペンでつぶしながら数えました。４３３４個ありました。部屋中ものすごいミカンの匂《にお》いになりました。

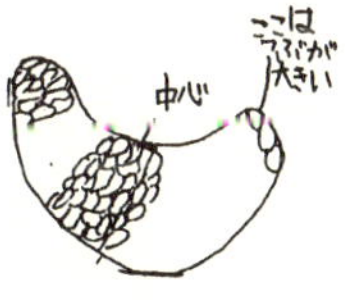

●Eさんはシラスの数を数えました。10ｇだけでも１９３匹《ひき》いました。

●Sさんはスイカの種を数えました。５２１粒ありました。

●Hさんは168gのスジコの中にイクラの粒がいくつ入っているか数えました。1505個ありました。

●Sさんはシャープペンの芯《しん》1本でどれだけ字が書けるか実験しました。2Bの芯で4924文字書けて1cm3mm残りました。

●Nさんはイチゴの種を数えました。1つのイチゴに222個もの種がありました。

●Gさんは、トウモロコシのひげの数と実（種）の数は同じだとラジオで放送していたので数えてみたら、ひげの数は420本なのに実（種）の数は305個しかありませんでした。

温度

気温も体温もみんな測ってみよう

●Tさんが1週間体温を測ったところ、朝はいつも35℃台でしたが夜は36℃台でした。夏と冬では同じかどうか疑問に思っています。

●Sさんは食事前より食後の方が0.2℃体温が高くなることを発見しました。

●Nさんは脈拍《みゃくはく》を調べました。通常は63回、思いっきり遊んだあとは85回、寝《ね》ている時は56回、寝たい時は72回でした。

●Mさんは自分の脈拍を数えました。運動すると脈拍が増えるけど、朝起きた時も多いのはMさんは寝ている時よく動くからじゃあないかと考えました。

●Kさんは家族の協力を得て、走ったあとの脈拍の変化を調べました。脈拍が元に戻《もど》るのは若いほうが早いことがわかりました。

●Oさんは体の部分によって熱いお湯や冷たい水の感じ方が違《ちが》うことを調べました。口の中は温度を低く感じ、足は高く感じます。

●Iさんは保冷剤《ほれいざい》を体のあちこちに当ててみました。お腹《なか》は1秒でヒリヒリしましたが、顔は26秒間当てていられました。

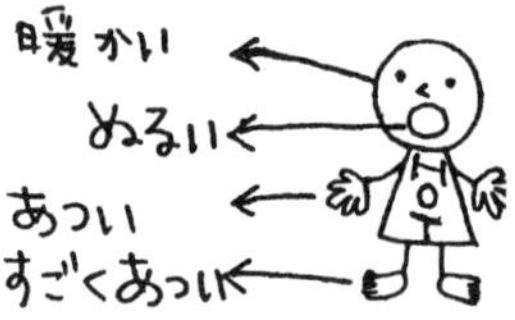

●Hさんはこたつの20℃は熱いのに水の20℃はぬるいことに気がつきました。

●Nさんは、手につけると熱いお湯や冷たい水も、飲んでみると暖かい、ぬるいとしか感じないことを発見しました。

●Kさんは夏の合宿で先輩《せんぱい》の服に塩の固まりができているのを見つけました。

●Mさんは冬の部活の朝練《あされん》のあと水で顔を洗うと顔から湯気が出ます。

●Sさんはカエルは土の中で冬眠《とうみん》するから土の中は暖かいだろうと思って温度を測ってみましたが、外の方が暖かでした。

●Tさんが測ったら、朝、マラソンをする前の体温は35・8℃でしたが、走ったあとは36・7℃になっていました。

●Nさんは、空気は25℃くらいでは暑いのに、25℃の水はとても冷たいことに気がつきました。

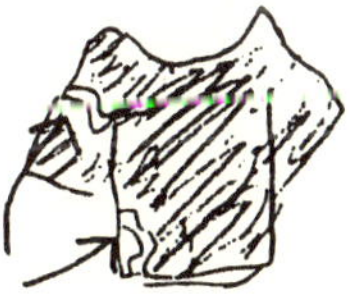

見なきゃよかった、見てよかった

現実はちゃんと直視しよう

●Nさんは北海道の宗谷岬《そうやみさき》で、流れ星と人工衛星と天の川とハマナスの花とサハリンを見てきました。

●Tさんは気分が悪くて吐《は》いてしまったので、食物の消化の観察のレポートを提出しました。

●Fさんが朝早く起きたら月と金星がパキスタンの国旗になっていました。

●Mさんは庭で冬眠中のカエルを発見しました。

●Sさんは家の庭でヘビがカエルを飲み込《こ》むところを見ていました。

●Sさんは東京の目黒寄生虫館に行って8.8メートルのサナダムシなどを見て、そうめんを食べる気がしなくなったそうです。

●Kさんは『人体の世界展』でヒトの腸の標本を見ながらソーセージの話をしてしまい他《ほか》の人たちの視線を浴びました。

●Mさんは、この冬手術で摘出《てきしゅつ》した生々しいものの写真を提出してきました。

清先生の理科少年記

7

小学校で、クギに葉書の紙を巻いた上からエナメル線をぐるぐる巻きつけ電磁石を作った。そのあと自分でブリキをハサミで切ってモールス信号機を作ってみた。

小学校ではベルも作った。ベルの鳴るしくみがわかって感心した。模型屋さんでブザーの組み立てセットを買ってきて作った。金属板を震《ふる》わせるだけで音が出る仕組みにこれまた感心した。

小学校で、二極モーターを作った。回ったことがうれしくて、三極モーターも作ってみた。だから中学校でモーターの回る原理を習ったとき、すぐにわかった。

燃える

火の用心は忘れずに

●Nさんはろうそくの炎《ほのお》の中に厚紙を入れてこがし、真ん中よりもまわりの方が火力が強いことを確かめました。

●Kさんはろうそくのサンタさんに火をつけました。サンタさんはホラー映画みたいになって1時間5分かかって燃えました。

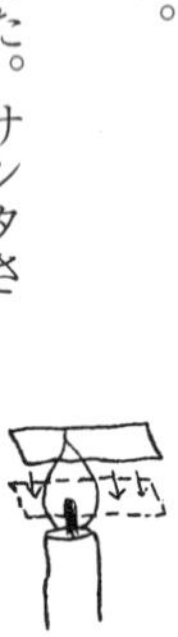

●Mさんはろうそくを全部燃やしてみました。燃やす前のろうが5g、燃えないで残ったのが1.5gだったので、ろうそくの成分は30%が燃えない何かで、あとは火に燃えてしまう何かである、と考えました。

●Sさんはろうそくに火をつけて炎の中に割りばしを入れてみました。一番上が一番こげて、真ん中はすすみたいのがついて、下はほとんどこげていませんでした。

●Mさんは火のついたろうそくを腕《うで》に乗せてコップをかぶせました。酸素がなくなった分だけ、腕の肉が吸い上げられてふくらみました。

●Nさんはろうそくの火に線香《せんこう》をつけなくても、上の方に近づけるだけで火がつくことを発見しました。火の回りに「オーラ」のようなものが出ているのではないかと考えました。

●Kさんはよくお香をつけるそうです。マッチの火は吹《ふ》くと消えてしまうけど、お香は吹くとますます燃えることに気がつきました。

●Kさんはきれいな花火は火薬もきれいだろうと思って中を開けてみたらきたない色ばっかりでした。

●Kさんは道路を車で走っていたとき前方に打ち上げ花火が見えて、通りすぎても同じ形に見えたので、花火は円形ではなく球形だろうと考えました。

●Iさんは塩に「塩化ナトリウム」と書いてあったので食塩水をコーヒー用のろ紙みたいなのにしみ込《こ》ませて火に入れたら、黄色の炎色《えんしょく》反応が見られました。

●Iさんはいろいろなものであぶり出しをやってみました。出たものは、酢《す》、ビタミンC、日本酒、砂糖水、サザンカ、キャベツ、洋梨《ようなし》で、あまいものが多い、出ないものはウィスキー、水、食塩水、ダイコンで、しょっぱいもの、味がうすいものでした。

●Iさんもいろいろなものであぶり出しをやってみました。牛乳、梅酒、レモン、紅茶の順に色が濃《こ》く出ました。濃いものの方が紙の表面に何かそういう物質が残って燃えるのかなあ、と考えました。

沸騰《ふっとう》

水の沸点は本当に100度?

●Sさんは水は何℃で沸騰するか実験しました。98℃、96℃、96℃と、3回とも100℃にはなりませんでした。

●Sさんはスパゲッティーをゆでていて沸騰してあふれそうなほど泡《あわ》が出た時、お母さんに言われて塩を入れると泡が小さくなりました。塩を入れると沸騰の温度が変わることがわかりました。

●Hさんはお茶、牛乳、砂糖水、塩水などをなべに入れてコンロにかけてみました。牛乳が一番早く沸騰しました。

●Hさんは水、お酒、油をなべに入れて火にかけてみました。油が一番早く熱くなりました。油は110℃になっても沸騰しませんでした。

溶《と》ける

何が溶けてるの?

●Nさんは水に物質を溶かすと重さはどうなるか、５ｇの水酸化カリウム、硝酸《しょうさん》ナトリウム、硫酸銅《りゅうさんどう》、ホウ酸、食塩、水酸化カルシウム、水酸化ナトリウムを加えてみましたが、どれも重さが５ｇ増えただけでした。単に物質の無駄使《むだづか》いだったと言っています。

●Yさんが5リットルの海水を3時間以上熱して蒸発させたら１７０ｇの塩がとれました。濃度《のうど》は3.4%で、これは本で調べた日本近海の海水濃度と同じでした。

●Mさんは温泉のお湯2リットルを煮《に》詰《つ》めて温泉に溶けている物質を取り出しました。ほとんど塩だったみたいです。

●Tさんは食塩水をなべに入れて火にかけ水を蒸発させてみました。水に溶かす前の食塩の量と、蒸発させた後の食塩の量はまったく同じでしたが、味は初めの方がしょっぱかったそうです。

●Mさんはガソリンスタンドに行ったとき、ガソリン45リットルは45kgではないと聞いたので量ってみようとしたのですがガソリンはダメと言われたので、他《ほか》のもの50ccの重さを量りました。水は50gでしたが、おしょう油は61g、お酒のコニャックは47gでした。

●Mさんはお湯に黒いあめを溶かしたあと鍋《なべ》に入れて蒸発させ、砂糖が出てくるか実験しましたが、黒い水あめのようなものが出てきました。成功したんだかよくわからないと言ってます。

●Tさんは空気に重さがあるか調べました。竹ひごに2つの風船をつりあわせ、片方の風船のセロテープを貼《は》ったところを針で突《つ》いて空気を抜《ぬ》くと、しおれた方が上に上がり、空気にもちゃんと重さがあることがわかりました。

●Hさんは、空気の入った袋《ふくろ》と、吐《は》いた息を入れた袋を、同じ所から3回落としてみましたが、3回とも息を入れた袋の方が先に落ち、二酸化炭素の方が重いことがわかったと言ってます。

電気

便利なことはいいことだ

●Mさんが、夜暗い所でセーターを脱《ぬ》いだら「バチバチッ」という音がして、青白い火花が見えました。痛かったそうです。

●Oさんは、塩と唐辛子《とうがらし》を混ぜてしまったとき、セルロイド製の下敷《したじ》きをこすって静電気を起こせば唐辛子だけがくっつき、分けることができることを発見しました。塩とコショウでもできるそうです。

●Kさんによると、テレビの画面に手を近付けるとあったかくてビリビリします。電球ではあったかいけどビリビリしません。

●Nさんは下敷きをこすって静電気の実験をしました。紙はくっつくけど葉っぱはつかなかったこと、お風呂場《ふろば》、台所では起こらなかったことから、静電気は水分があると起きないことがわかりました。

●Aさんは温度の違《ちが》う部屋で髪《かみ》の毛をとかして静電気の起こり方を比べました。温度の高い部屋の方が髪の毛がぺた～と顔にくっつき、強い静電気が起こることがわかりました。

●Tさんの実験によると布でこすって静電気を起こした下敷きを水に近付けたら、水が吸い寄せられたそうです。

●Uさんがカラーテレビをレンズで拡大して見たら、青、赤、緑が順に並んでいました。画面を赤くしてみるとしま模様の赤が明るくなりました。

●Iさんの家ではゴルフ練習場をやっていて、モグラがグリーンを荒《あ》らして困るそう

です。においと水と音に弱いらしく、ラジオをかけておいたら現われませんでした。

●Sさんはプラグの割れたところを持ってコンセントに差し込《こ》んだら、しびれてけっこう痛かったそうです。危ないからもう実験しないで下さいね。

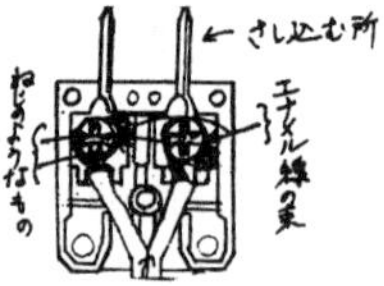

●Nさんは真っ暗な部屋の中で静電気の研究をしました。手編みのセーターが1番ピカピカ光りました。実験した後は髪がボサボサになったそうです。

●Mさんの研究によると、乾電池《かんでんち》の一方の電極を舌でなめ、もう一方の電極をなめた手でさわるとビリビリッとくるそうです。

●Oさんはテレビとリモコンの間に下敷き、ビニール袋、紙、タオルなどを置いて、テレビがつけられるか実験しました。全部ついてしまい、つまらなかったそうです。

●Jさんは、テレビのリモコンの電波はどんな物でさえぎられるか調べました。単語カード、千円札、テレホンカードなどは通さず、写し紙、ビニール袋、プラスチックは通すことがわかりました。つやのあるタンスは電波を反射させます。

●Oさんはクリスマスに「手のひらピカチュウ」をもらいました。足の裏の2つのセンサーに同時にさわると「ピカチュウ」と鳴きます。家族5人で手をつないでさわっても鳴きました。人間も電気を通すことがわかりました。

慣性と重力

飛ぶ、はねる、ジャンプ、跳《と》ぶ

●Wさんは南へ動く電車の中でジャンプしてみました。自分は宙に浮《う》いてるので、電車が南へ動く分、北に着地すると思いましたが、そのままの場所にいました。

●Nさんは、無重量の中ものすごいスピードで動いているスペースシャトルの中でジャンプするとどうなってしまうのか、疑問に思っています。

●Kさんはエレベーターで下におりる時、すわり込《こ》んで立とうとするとお尻《しり》が重くなることを発見しました。

●Sさんが試《ため》したところ、エレベーターで頭がいたくなったと

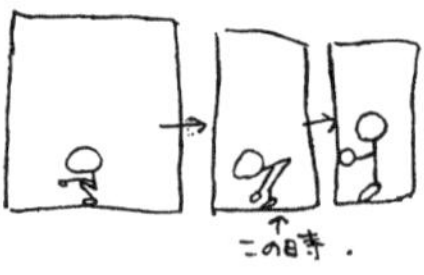

きは歌を歌うといいそうです。

●Sさんはエレベーターが上がって行く時ジャンプすると少し浮かぶことを発見しました。

●Kさんはエレベーターの中で体重を量りました。予想したほどは減りませんでした。

●Nさんはエレベーターの中での物の重さを研究しました。下りの瞬間《しゅんかん》と上りで止まった瞬間は減り、上りの瞬間と下りで止まった瞬間は重くなりました。

●Tさんはエレベーターは上りと下りのどちらが速いか調べました。上りの平均が1・98秒、下りが平均1・89秒で、下りの方が少しだけ速かったそうです。

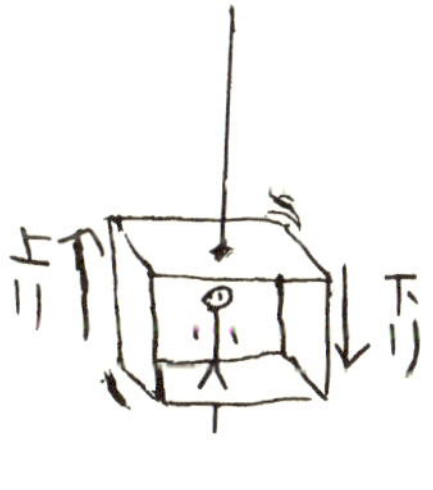

●Tさんはエレベーターの中で飛び跳《は》ねてみました。上りのエレベーターでは、ジャンプしたときより早く落ちたような気がし、下りではたくさん落ちた、つまり飛んでる時間が長かったそうです。

酸性アルカリ性

怖《こわ》いぞ酸性雨

●Mさんが、こぼした紅しょうがの汁《しる》をふいて赤く染まったタオルを合成洗剤《せんざい》で洗っていたら水が緑色になりました。

●Sさんが、ブドウの汁がしみたタオルを石けんで洗ったら青くなりました。台所洗剤ではうすピンク、洗濯《せんたく》用では茶色っぽくなりました。

●Sさんが、グレープジュースが服にかかってしまったので洗おうと石けんをつけたら、紫色《むらさきいろ》が緑色に変わりました。

●Aさんが塩をルーペで見たら四角でしたが、砂糖は地図のようになっていました。

●Sさんがツユクサの花の青色の汁にレモンを入れると緑色に、重曹《じゅうそう》を入れるとピンクっぽくなり、両方混ぜると泡《あわ》がブクブク出ました。

●Mさんは紅茶にレモンを入れると色が薄《うす》くなることから、酢《す》など酸性のものでは薄く、重曹などアルカリ性のものでは濃《こ》くなることを発見しました。

●Mさんが「酸性雨試験紙」で雨を調べたらアルカリ性でした。酸性雨でなくてよかったと言ってますがアルカリ性雨は心配ないのかなあ。

●Aさんは雑草にお酢を4倍に薄めたものをかけてみました。5分でしおれてしまい、酸性雨がこんなにも恐《おそ》ろしいなんて、と言ってます。

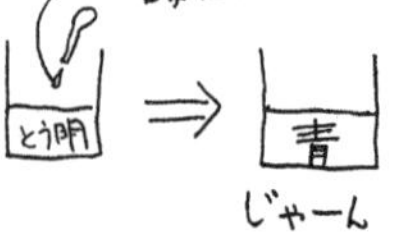

●Uさんは、酸性雨が頭にかかると「はげる」か実験しました。髪《かみ》の毛を酸性、アル

カリ性のものにつけておいたら、アルカリ性の「ワイドハイター」だけが茶色くなりました。髪の毛は酸性よりアルカリ性のものの方によく溶《と》けると言ってますが、漂白《ひょうはく》されただけではないでしょうか。

●Tさんがしょう油を入れたカップを1週間置いて蒸発させたら食塩の結晶《けっしょう》ができていました。

●Nさんは塩水をお皿に入れ、外に出しておきました。きれいな結晶ができました。ほっておいたら次の朝おじいちゃんに片付けられてしまいました。

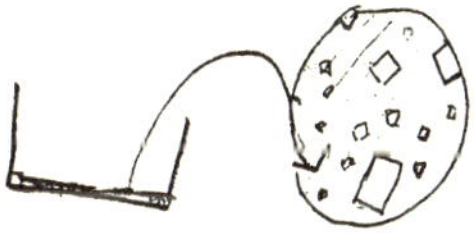

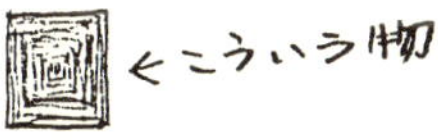

●Nさんは理科で習った再結晶を作ってみました。みょうばん、砂糖、食塩、しょう油ではできましたが、お酢ではできず、くさいにおいだけでした。

●Sさんはコカコーラを煮《に》つめてみました。カラメルみたいなのが少し残りました。コーラの味も少ししたけど、まずかったそうです。

●Uさんはワープロの感熱紙にアルカリ性の虫さされ薬を塗《ぬ》ると字が消え、酸性の酢をその上に塗るとまた字が浮《う》き出てくることを発見しました。

作る

大きく育て！　大きく創《つく》れ！

●Nさんの作成したゲーム器です。針金でコースをくぐらせてゆきます。失敗するとランプがつきます。

●Sさんはホッカイロを作ってみました。実家の隣《となり》の石川製作所でもらった鉄粉を封筒《ふうとう》に入れ、それに食塩水にひたしたティッシュペーパーを入れてよく振《ふ》ると、やけどするくらい熱くなりました。鉄がさびるとき熱が発生するのだそうです。

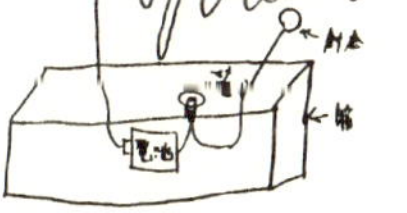

●Sさんはスライムを作ってみました。せんたくのりにホウ砂溶液《しゃようえき》を入れかき混ぜるとゼリー状のスライムができました。色つけにバスクリンを使ったらいい匂《にお》いもしま

した。冷蔵庫に入れておけば夏の気分転換《てんかん》に冷たくていいと言ってます。

●Iさんは、「もがけばもがくほど沈《しず》んでしまう底無し沼《ぬま》」を作ってみました。カタクリ粉を入れた「沼」を作り人間の代わりに動くミニカーを走らせてみたら、沈まずに水面を走って行きました。

清先生の理科少年記

8

中学校の理科で宿題が出た。

「水の電気分解をやるからニッケル板にコードをつけたものを作ってきなさい」

ニッケル板はラジオの真空管に使われていた。電気屋さんで壊《こわ》れた真空管をもらいガラスを割って取りだした。

「炭素棒を持ってきなさい」

乾電池《かんでんち》を解体して中から炭素棒を取り出した。あの頃《ころ》の乾電池は亜鉛《あえん》板の筒《つつ》をボール紙で包んだもので、簡単に解体できた。

学校に実験器具が十分なかった代わりに、身近な所にいろいろなものがあることを知った。

お風呂《ふろ》
リラックスしながら考える

●Mさんはお湯は体と顔でどのくらい感じる熱さが違《ちが》うか調べました。体は42℃で、顔は37℃で熱く感じました。

●Tさんは「お風呂にユズを入れると温まる」と聞いて入浴後の体温を計ってみましたが普《ふ》段《だん》と変わりませんでした。

●Nさんはシャワーを浴びたあと全身泡《あわ》だらけだと寒くないのは、お湯でできた泡だから温かいのだと考えました。

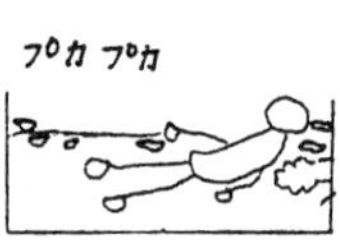

●Iさんは、部屋では72秒息を止めていられるのに、お風呂の中では57秒しか息を止めていられないことから、人はその分、皮膚《ひふ》呼吸していることを確かめました。

●Iさんは脈拍数《みゃくはく》を調べました。普通にしている時は60回ですが、お風呂のあとは90回でした。

●Mさんはお風呂の中では体が軽くなることを調べるためどれだけ足をあげていられるか試《ため》してみました。床《ゆか》の上では32秒でしたがお風呂の中では45秒もあげていられました。

●Tさんはお風呂の中で息を吸うと体が浮《う》いてくることを発見しました。

●Sさんはまばたきの回数を数えました。お風呂の中では3分間で64回でしたが扇風《せんぷう》機《き》の前では98回、TVを見ている時は１０７回で、目が乾燥《かんそう》するほど回数が多いことがわかりました。

●Nさんはお風呂に長く入っていると指がブニブニしておばあさんの子になって行く様子を観察しました。

●Mさんはお風呂で歌を歌うのですが、どうも浴槽《よくそう》のお湯の量によって音の高さが変わるようです。

●Sさんはお風呂に入ると体がやわらかくなると聞いたので前屈《ぜんくつ》をやってみたら本当にやわらかくなっていました。

●Kさんは、お風呂に入ってふたをするととっても苦しいことを発見しました。水蒸気ばかりなので酸素がないのだそうです。

●Sさんは、お風呂でシャボン玉を作る実験をしているとき、シャンプーつきの指だとさわっても割れないことに気がつきました。

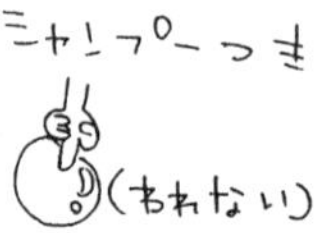

●Sさんは、お風呂は上の方ばかり熱く下の方はぬるいので、同じ量の水と熱湯の重さを量ってみたら、やっぱり水の方が6g重かったそうです。

●Aさんは、お風呂のお湯の中では虫めがねで見ても大きさは変わらないことに気がつきました。

●Aさんの家では、お風呂も手洗い場もトイレも、水は時計回りに流れていきます。

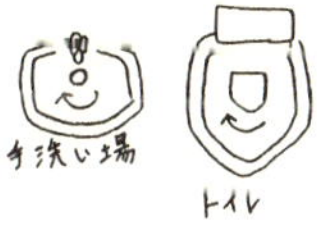

●Kさんは授業で習ったとおりお風呂の水がたっぷりの時は思いっきり引っ張っても栓《せん》は抜《ぬ》けませんでした。

●Mさんは、お風呂は半身浴がいいと聞いたので、脈拍数を比べてみました。半身浴の時は76回、全身浴の時は84回で、全身浴の方が心臓に負担がかかることがわかりました。

●Kさんは、プールでもお風呂でも指がふやけるので、水とお湯とではどっちの方がふやけやすいか調べてみました。湯の方がふやけました。

台所

お母さんは理科の優等生

●Oさんはクッキーを作ろうと、小麦粉250gと砂糖90gを混ぜて練って量ったら310gしかなく、30gはどうなったのか不思議に思っています。

●Nさんは、ラーメンやそばは「早く食べないと伸《の》びる」か、つゆの中にめんを5時間入れておいたら長さは8.5cmが9.2cmに伸びていましたが太さは2mmのまま変わりませんでした。

●Iさんはごはんを何回かんで食べると甘《あま》くなるか調べてみました。10回では変化なく、30回ではちょっと甘く、50回では甘く、80回ではさらに甘くなりました。100回では口が疲《つか》れてしまいました。

●Wさんはインスタントラーメンは何分お湯につけるのがおいしいか、1分から10分までやってみましたが、やっぱり3分が一番おいしく食べられるようです。10分は本当にまずいそうです。

●Tさんは、ダイズの種は水以外でも芽を出すか、ジュース、プーアル茶、牛乳などに入れてみましたが、みんなカビが生えてしまったので、カビの生える様子を調べる実験にしました。

●Uさんは110gのキュウリをつけものにすると99gになっていたのはなぜかなと思って調べました。塩水につけると水分がへってしおれることがわかりました。

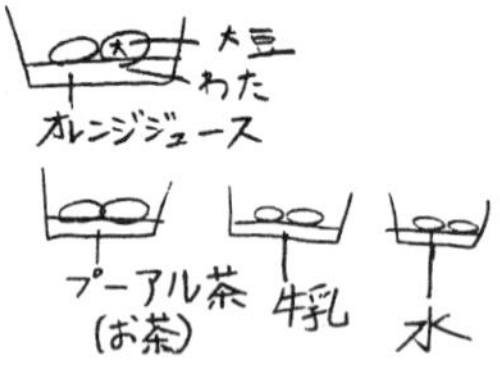

●Tさんは冷ややっこのとうふは沈《しず》むのにお味噌汁《みそしる》のとうふはなぜ浮かぶのか、もめんどうふと絹ごしどうふの大小2種類を熱い味噌汁と冷たい味噌汁に入れてみましたが、結局全部沈んでしまったようです。

●Iさんは、黒豆にさびたクギを入れたときと入れないときを比べました。クギを入れた方はつやが出てました。クギの味はしませんでした。

●Hさんはリンゴが変色して茶色くなる実験をしました。すりおろしリンゴ汁はすぐ茶色になるのに、売ってるリンゴジュースは茶色にならないという不思議なことに気がつきました。

●Kさんは、リンゴはどのくらい塩水につけておけば黄ばまないか調べました。30分くらいがいいそうです。

●Mさんはリンゴとナシの変色について調べましたが、ナシの方は塩水につけなくても変色しませんでした。

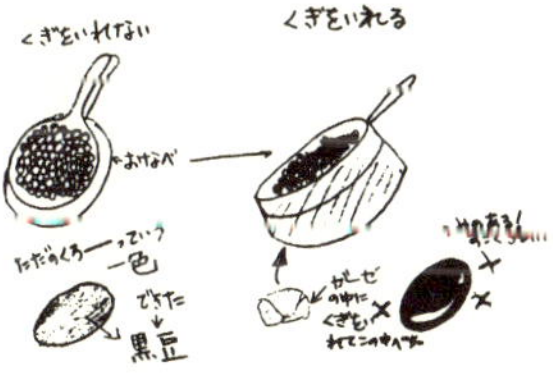

●Mさんが実験したところ、茶色く変色してしまったリンゴは塩水につけても元には戻《もど》りません。

●Sさんは、リンゴの変色は食塩水でも砂糖水でもそう差がないので、砂糖水の方がおいしくていいといってます。

●Yさんはリンゴの変色を防ぐには食塩水の他《ほか》サラダ油でもよいことを発見しましたが、サラダ油につけたリンゴは食べる気になれないことにも気がつきました。

生活

身の周りにも理科がある

●Kさんは自動車の排気《はいき》ガスをビニール袋に集めてみました。

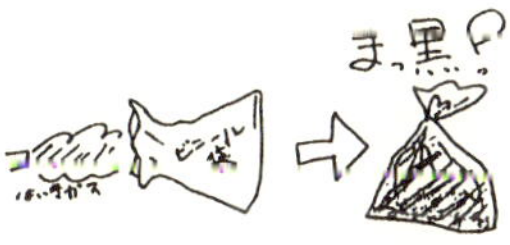

●Iさんが10円玉を炭酸水、お酢につけたらきれいになりました。食塩水、砂糖水ではダメでした。

●Sさんは10円玉をきれいにしようとレモンやお酢《す》をかけてみましたが、タバスコが1番でした。

●Tさんはタバスコの成分の何が10円玉をきれいにするのか調べました。ラー油、からし、ワサビ、お酢、食塩ではきれいになりませんでした。残る「唐辛子《とうがらし》」がきれいにする「もと」かなと言ってます。

●Nさんは、「普通《ふつう》ののり」と「ソックタッチ」ではどっちがよくつくか調べました。紙にはやはり「のり」の方がよく、ソックスにも「ソックタッチ」より「のり」の方がよくつきました。つまり「のり」の方が強力というだけのことでした。

●Nさんはソックタッチと普通ののりではどこが違《ちが》うのか、右足にソックタッチ、左足にのりをつけて比べてみたら、1時間後、左足はかぶれていました。

●Sさんはソックタッチでいろいろなものをつけてみました。紙と紙ではすぐはがれ、ティッシュとティッシュでは裏がべたべたに、布と布ではまったくつかず、足とくつ下が一番よくつきました。

●Kさんはいろいろな液で洗濯《せんたく》をしてみました。石けん水が一番よごれが落ち、米のとぎ汁、酢を薄《うす》めた液、水道水の順でした。

●Tさんはワープロの感熱紙が電球にさわったら熱で黒くなることを発見しました。

ウラをあてても表だけが黒くなるのだそうです。

●Kさんはサインペンの黒色は何色からできているか調べました。コーヒーフィルターにサインペンで印をつけフィルターの先を水につけてインクをにじませます。メーカーによって違うこと、黒色と言っても、青、オレンジ、ピンク、緑、紫《むらさき》などいろいろな色が混じっていることがわかりました。

●Uさんの実験によると、卵のカラでふきんを煮《に》ると漂白《ひょうはく》できます。

●Hさんは、トマトジュースは汚《よご》れを落とす効果があると聞いたので、泥水《どろみず》で汚れた布を洗ってみたらきれいに汚れが落ちましたが、サインペンはあまり落ちませんでした。トマトジュースのどの成分が汚れを落とすのか、塩とトマトの汁でやってみたら、トマトの汁に効果があることがわかりました。

●Iさんはエアコンをつけたとき足元の方が寒いので、部屋の温度が高さによって差があるか調べました。天井《てんじょう》より床《ゆか》の方が2℃低いことがわかりました。

●Sさんの家では、冬、ストーブをつけたとき天井のファンを回します。部屋の温度を測ってみると、ストーブだけの時は上が20℃、下が14℃だけど、ファンを回すと上も下も真ん中も20℃になりました。

●Kさんはティッシュペーパーは水に溶《と》けないからトイレに流せないと聞き実験してみました。ティッシュペーパーは水でもお湯でも細かくならないのに、トイレットペーパーは、のりのようにどろどろになりました。

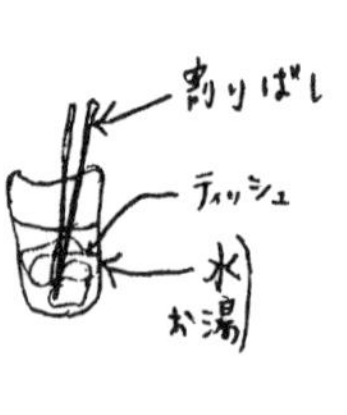

●Oさんは砂時計の3分計は本当に3分か調べました。10回計った平均は2分53秒で、早い時は2分50秒でした。

●Sさんはよく晴れた日にずっと外にいて服をさわってみたところ、白いところはあまり熱くないけど、黒いところはすごく熱いと感じました。

●Uさんは白い服を着たときと黒い服を着たときの体温を比べてみました。黒い服を着ていたときの方が体温は0.2〜0.4度高くなりました。

●Uさんは、煙草《たばこ》の煙《けむり》は本当に上に行くのか、床にくっついたり、立ったり、いすの上に立ったりして、空気を吸ってみました。上に行くほど気持ちが悪くなりました。

●Iさんが黒色のビニールテープを電球に近づけたところすぐに溶けてしまいましたが、白色のビニールテープはなかなか溶けませんでした。

●Yさんは、人数が減ると部屋の温度が下がることを調べ、人の数と温度の関係のグラフをつくりました。

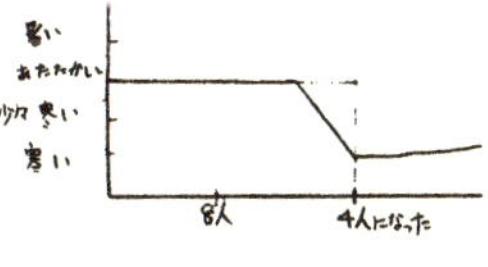

食べ物

人はパンのみにて生きるにあらず

●Kさんはカリカリ梅と紀州梅を舌のあちこちに置いてどこが感じるか調べました。真ん中は感じにくいです。

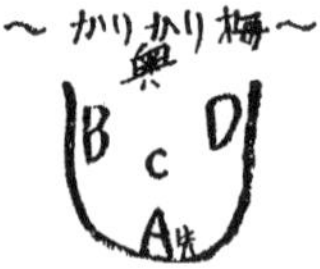

●Fさんは味は舌のどこで感じるか、砂糖（甘味《あまみ》）、七味（からみ）、コーヒー（苦み）を使って調べました。酸味は酢《す》がきらいなので実験しませんでした。

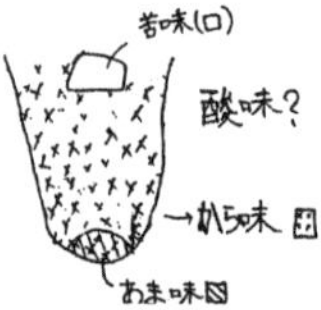

●Mさんはいろいろなお酒を混ぜてみました。上から、ウィスキー、ミントリキュール、ピーチ、ラズベリーの順に重なりました。アルコール度が多いほど軽く、糖分が多いほど重いことを発見しました。お母さんに飲ませたら「味は最低」でした。

●Iさんはタマネギで涙《なみだ》が出ない方法を研究しました。皮をむきラップにくるんで冷蔵庫で冷やすとよいそうです。ゴーグルはかっこ悪いだけで、ほとんど意味ないそうです。

●Kさんは、タマネギを切るとどれくらい涙が出るか調べました。タマネギ1個をみじん切りにしたら2.5ccの涙が出ました。

●Mさんによるとバニラアイスクリームにおしょう油をほんの少し加えると甘くなるそうです。おしるこに塩を入れるのと同じことのようです。

●Sさんはもちと、ニンニク、タマネギ、ソーセージを一緒《いっしょ》に袋《ふくろ》に入れておいたら、ニンニク入りだけはカビが生えませんでした。

●Mさんは、家のお茶は緑色なのに学校のお茶はなぜ黄色なのか、飲むまでの時間が長いほど黄色くなるのではと考え、湯のみにお茶を入れ30分置いて冷蔵庫に入れたものと比べてみましたが、どちらとも緑色のままでした。家と学校のお茶の色が違うのはお茶っ葉の種類が違うのではないかと考えています。

●Kさんが添加物《てんかぶつ》入りのソーセージは本当に腐《くさ》らないか調べたら10日で少し腐りました。添加物なしのは4日で少し腐り、10日で気持ち悪いほど腐りました。

●Mさんはソーセージに入っているデンプンはイソジン（ヨウ素液）で発見できると聞き実験してみました。スーパーのは黒くなりましたが、生協のは変化なしで、本物のソーセージでした。

●Kさんは、水は2、3日で腐ると聞いたので、ビンに水道の水を入れて5日間置き、お皿にとって臭《にお》いなどを調べましたが腐ってはいませんでした。でも飲む気にもならなかったそうです。腐るまで置いてみようかなと言ってます。

●Tさんは鉄分検出薬が手に入ったので飲み物の鉄分を調べました。果汁《かじゅう》入りのジュースには皆《みな》鉄分が含《ふく》まれていましたが、ポカリスエット、キリンレモン、三ツ矢サイダーには含まれていませんでした。

●Mさんがコーラの入ったコップに魚の骨を入れておいたら2日目にふにゃふにゃ、3日目にはくにゃくにゃで曲がりました。

●Aさんは大手のパン屋の○○屋のパンと、無添加が売り物のパン屋のパンを同じ日に買って高温多湿《たしつ》の場所に置きました。無添加のパンは4日目からカビが生え始めましたが、○○屋のパンは一週間たってもなんともないので、絶対に防腐《ぼうふ》剤《ざい》が入っているはずだと言ってます。

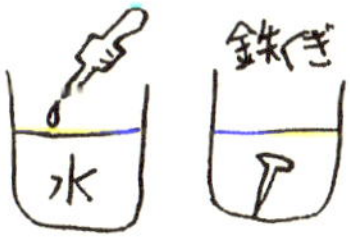

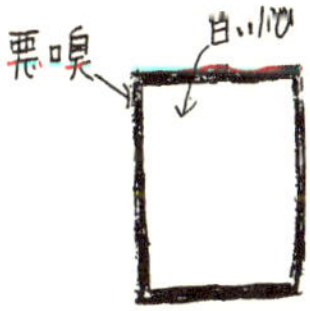

●Nさんが「タンパク質液」を使って調べたところでは、しょう油、牛乳にはタンパ

ク質が入っているけれど、酢には入っていません。ソースはもとの色が濃《こ》すぎて色の変化がよくわからなかったそうです。

水と油

仲が悪いたとえに使います

●Uさんは大きさの違《ちが》うコップに水をいっぱい入れてみました。コップからはみ出た部分はどのコップも同じで、1.5㎜でした。

●Sさんはコップで表面張力の実験をしました。水はふちから3㎜も盛り上がりましたが、砂糖水では2㎜、食塩水では1.5㎜しか盛り上がりませんでした。

●Mさんの実験によると、水や塩水では毛糸の切れ端《はし》は浮《う》いたままですが、洗剤《せんざい》を入れた水では底に沈《しず》みます。

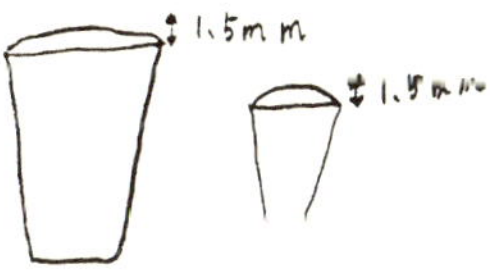

●Kさんは1円玉を水に浮かべる実験をしました。水やだし汁《じる》には浮きましたが、洗剤を溶《と》かした水には浮きませんでした。

●Oさんは、水と油は仲が悪いが他の液ではどうか、なたね油をしょう油、みりん、ウィスキーなどと混ぜてみましたが、石けん水にだけ溶けました。しょう油は油のはずなのになぜ溶けないのか不思議に思っています。

●Sさんは水と油はまざらないものなのか、ボトルに入れてふってみました。玉のようなのがプチプチできたけどまざりませんでした。もっといっぱいふればどうかと思いましたが、疲《つか》れたからやめたそうです。

●Sさんは2つのコップにひものようにしたティッシュをかけ、片方のコップだけに水を入れておきました。水はティッシュを伝わって移動し2時間で水の高さが同じになりました。泥水《どろみず》でやったらきれいな水だけが移動しました。

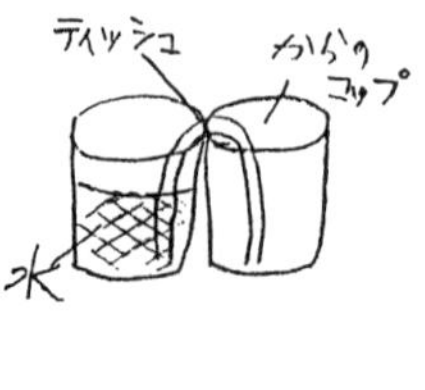

●Kさんは氷を浮かべた水にサラダ油を入れてみました。氷は水と油の境目に浮いていて「水より軽く油より重い」ことがわかりました。

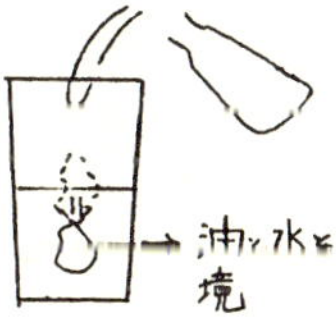

清先生の理科少年記

9

小学校の夏休みの宿題にチョウの鱗粉《りんぷん》転写標本を出したのは、はねを広げたチョウの標本を作ることができなかったからだった。それができるようになったのは中学生になってからだった。ぼくは科学部に入った。そしてチョウの研究の盛んな高校に進学したいと思うようになった。

ミドリシジミを採ることができたのは高校の生物部に入ってからだった。大学に行って生物学を勉強したいと思うようになった。

ぼくは今でもチョウを求めて歩き回っている。それは県からの委託調査でもあったりするのだが、気持ちとしては小学校の宿題の続きをまだやっているのである。

迷信《めいしん》と不思議
自分で確かめなければ信じない

●Aさんは、40人の人に「手を出して」といって、左右どちらの手を出すか調べました。右手を出した人は全員右きき、左手を出した人は左きき、両手を出した人は全員血液型がB型でした。

●Kさんはしゃっくりを100回すると死んでしまうのは本当か調べましたが、Kさんは13回で、お母さんも36回で止まってしまいました。

●Aさんはしゃっくりを105回しましたが、死にませんでした。

●Mさんによると「しゃっくりはつまみ食いをすると出る」と言うけど、Mさんはつまみ食いをするとおさまるのだそうです。

●Kさんは「天井《てんじょう》の四すみを見てから寝《ね》ると恐《こわ》い夢を見る」と聞いたので試《ため》してみたら本当に恐い夢を見ました。

●Kさんは、前からやってみたかったテレパシーをやってみました。離《はな》れた所から相手を見て心の中で「こっちを見ろー、こっちを見ろー」と十五回唱え続けます。通じたのは、町中では10人中2人、学校では3人、結婚式《けっこんしき》の最中は1人でした。

●Nさんは100人の人に「こっちを向け」と念じてみたら、何と96%の人に通じました。なかなか通じないときじーっと見てたら、「なに、あんた」と言われてしまいました。

●Mさんはバスの中で「ふり向け！」と念じてみましたが、1人もふり向いてくれませんでした。

●Mさんは「夜笛を吹《ふ》くとヘビが出る」のは本当か、ヘビのいそうな所で笛を吹いてみましたが、蛾《が》が1匹《ぴき》出てきただけでした。

偉大《いだい》
むだも失敗も成功の母

●Yさんは御前崎《おまえざき》にアカウミガメの産卵《さんらん》を見に行きました。夜中の3時までがんばりましたが、カメが浜《はま》に上がってきたのはそのあとだったそうです。

●Mさんは鏡と鏡の間に顔を入れてみました。何だか恐かったそうです。

●Wさんは、人は走ると頭の回転が悪くなると聞いたので、走る前とあとで掛《か》け算の問題をやってみたら、やっぱり走ったあとの方が間違《まちが》えていました。

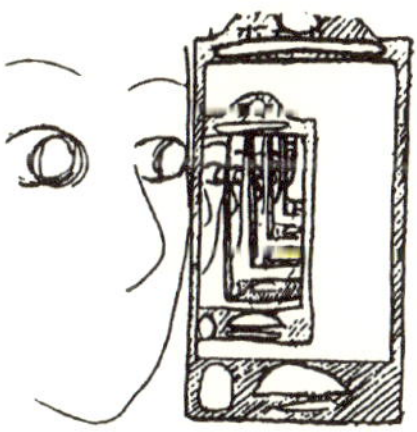

●Sさんは秋の虫は夜何時まで鳴いているか調べましたが、Sさんが寝る1時30分ま

でずっと鳴き続けていました。

●Uさんは小さいビニール袋《ぶくろ》の中に墨汁《ぼくじゅう》を入れておくとどうなるか、4年前の1992年6月13日から研究を続けています。1年たっても2年たっても変化がないので、袋から出してみたりお湯につけてみたり、いろんなことをしてみたのですが、4年後の今も何も変化はありません。

●Mさんは前髪《まえがみ》の長さを観察しました。晴れた日の前髪の長さは13㎝で、曇《くも》りの日も、台風の前日も、台風の当日も、雨の日も、暑い日も、寒い日も、13㎝で、全部同じでした。

●Tさんは河原で石炭を発見しました。でもお父さんは「それは春のバーベキューの跡《あと》だ」と言ってます。

Love & Peace

愛し合ってるかい、イエーイ

●Hさんはカブトムシを飼っています。メスがオスと一緒《いっしょ》に土の中にもぐってしばらくしてオスは出てきましたがメスは出てきません。メスはどうしたのだろう、にんしんしているのだろうか、と心配してます。

●Nさんは、雲や夕焼けや星などをじっと見ていて、なにか考えることがあったようです。

●Oさんは動物園でワラビーの交尾《こうび》を見てしまいました。

●Kさんのお母さんはゴルフに行って2mもあるヘビの抜《ぬ》け殻《がら》をおみやげに持ってきてくれました。

●Iさんの家のウサギが子を産みました。両親ともパンダウサギなのに子どもは、黒、パンダ、灰色、ぶちで、死んだのもぶちらしかったので、みんな2匹ずつでした。

●Uさんは忘年会《ぼうねんかい》で酔《よ》っぱらうとどうなるか観察しました。バイトのお兄さんIは変化なし、Ⅱは吐《は》きそうな顔をしていて、Ⅲは酔う前に飲むのをやめてました。お父さんは「うちの娘《むすめ》はかわいい」と言って、おひげじゅりじゅりをしてきました。

●Kさんはお正月の酔っぱらいの観察をしました。「帰る」と言って、30分飲んでいて、また「そろそろ帰る」と言って帰らず、1時間たって3回目の「帰る」で帰りました。

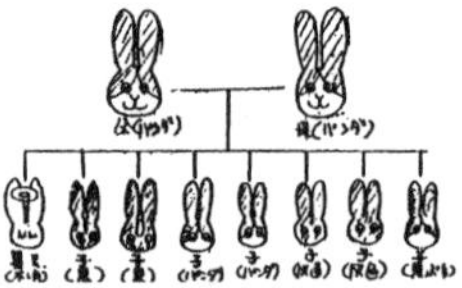

小さな科学者

ちょっとだけ期待しています

●Tさんはガリレイのようにふりこが1往復する時間を調べました。糸が短くなるほど速くなりました。

●Mさんによると、ジュールは「滝《たき》の水は下の方が温度が高い」と言ったけどお風呂《ふろ》のシャワーは上の方が高いです。

●Oさんは曲がるストローで「ボイルに近い実験」というのをやりました。

●トウモロコシの黄色い粒《つぶ》と白い粒の数を数えました。Kさんは404粒と134粒、Yさんは332粒と112粒でした。メンデルの法則どおり3対1でした。

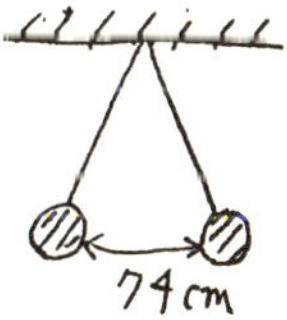

●Tさんは2つのスチロールのコップの間にアルミホイルをはさみ、静電気をためて、平賀《ひらが》源内《げんない》のエレキテルみたいなことをやりました。

●Kさんは5円玉のゆれる時間を計りました。1往復の時間は糸の長さが10㎝で0.7秒、20㎝で0.9秒、30㎝で1.1秒と長くなりましたが、5円玉の数や、ゆらし方を変えてもほとんど同じでした。

●Sさんは重さ・大きさの違うボールを2階から落としてみましたが、どれも落ちる速さは同じでした。

●Aさんはくぎのさびも磁石につくことを発見し、さびは鉄なのか不思議に思っています。

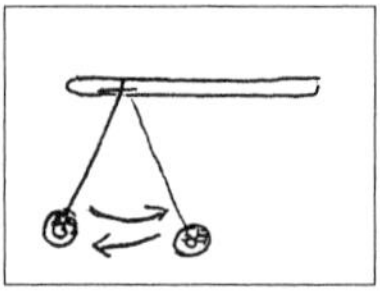

あとがき　ほんとうは理科って面白《おもしろ》いよ

最近の生徒とか理科教育について考えていることを書こうとしてハタと困った。理科教育はこうあるべきだ、などというまとまった考えをぼくは今持っていない。とりあえず一言で言うなら、「理科は面白い」それだけくらいである。でも、それだけでもいいのかもしれない。

二十年以上も前になると思うが、入学したばかりの中学一年生に理科は好きかどうか聞いてみた。

「ニワトリの卵を割ったりして、気持ち悪いから嫌《きら》い」

「給食が食べられなくなる」という答えが返ってきた。たしかあの頃《ころ》は教育の現代化と言って、二十一個の卵を毎日一つずつ割っていってひよこのからだができてゆく様子を観察させていた。遺伝学の研究に使われるショウジョウバエの飼育を小学校でやっていた。そんなことふつうの小学生の発想から生まれるものじゃあないと思う。

そのうちに今度は、探求の過程とかいうのが重視されるようになったらしい。生徒は、

「理科はめんどくさいから嫌い」

と言っていたように思う。

近ごろは、理科は嫌いという生徒は少なくなった。これは良い傾向《けいこう》かなと喜んでいたら、どうも嫌いになるほど小学校で理科の勉強をやらなくなったらしい。嫌いになるほど理科をやらなきゃ、たしかに理科嫌いはなくなるけど、理科好きもなくなってしまうではないか。


カエルの勉強をして、両生類の話をしていたら、イモリを見たことがない、オオサンショウウオを知らないと言う。哺乳《ほにゅう》類のところで、コウモリは鳥なのかけものなのかわからない、議論させようにもイソップ物語のレベルだから水掛《みずか》け論だ、なに、イソップってなんですかだって？　オオサンショウウオもコウモリもそこの動物園にいるから見てきなさい、夏休みの宿題だ。動物園に行く宿題なら喜んでくれるかと思ったらそうでもない、美術館に行く宿題の方がまだ歓迎《かんげい》されていた、冷房《れいぼう》が効いているからだろうか。

ワラ半紙半分の大きさの紙に夏休みに体験したこととか自由研究のレポートを書いてきてもらった。見ると、理科の自由研究は大変なものだというイメージがあるのか、気負った、背伸《せの》びした研究も少なくなかった。反対に始めから避《さ》けてしまっているようなレポートも見られた。

毎週、新聞記事を印刷した『リカちゃん新聞』というプリントを作っていたので、それに面白いというか、こんな研究がいいよというようなのを要約して紹介《しょうかい》してみたら好評だった。そこで冬休みにも同じ宿題を出してみた。そしたら、夏休みと違《ちが》って、自然な、無理のない、等身大の研究が増えてきた。

それなら毎月やらせてみたらどうだろう、そして『リカちゃん新聞』をその発表の場にしてしまおう。はじめは戸惑《とまど》っていた生徒も『新聞』に載《の》ったのを見てあんなことでもいいのかと思い、彼女《かのじょ》たちらしい研究が多くなってきた。何回もやってるうちに面白くなったらしく、

「先生、次も宿題出してくれる？　こんなこと調べてみたくなった」

などとうれしいことを言ってくる生徒も出てきた。

大人が気がつかないような着眼、発想、推論もあって感心した。純粋《じゅんすい》な気持ちがうれしいものもあった。科学の原点を見たような気がした。このままにしておくのはもったいない、何年分かストックができたところで自費で一冊の小冊子にしてまとめてみた。地元の新聞社が記事にしてくださったおかげで多くの方が興味を持ってくださった。うちの子の自由研究にというお母さん、理科教育の参考にという学校の先生、ただただ面白そうだ、という方々からである。

そんなところにメタモル出版から単行本にしないかというお話が来たので改めて選び直した、というのが本書である。

本書は生徒の研究、発見を、多くはあえてコメントを加えず、生徒のやったまま、考えたままを載せてある。

ここで言ってしまうのもなんだが、中には間違っているもの、何のためにやってるのかわからないものも含《ふく》まれてるから、子供の自由研究のヒントにと思ってらっしゃるお母さま方ご注意を。

それから、小中学校の先生方がこれはいいと誉《ほ》めてくださるのはうれしいけど、いい発想を持つ生徒を活《い》かしてゆくには、地味にこつこつ暗記したり計算するような勉強だって同じくらい大切だと思うので誤解なさらないように。

今ごろの中学生とか女子中高生というといろいろあるけど、なかなか捨てたもんじゃない、いいものを持っているじゃあないか、と感じてくだされば、と思う。本書はそういった中学生たちへの応援歌《おうえんか》のつもりである。

解説

清水義範

この本のことを説明するのは案外むずかしい。女子中学生の理科に関する研究レポート集だということに一応はなるのだが、研究レポートにしては、大部分のものが非常にお手軽である。

●Sさんは公園のハトはどこまでついてくるか実験しました。エサをやり続けるかぎりどこまでもついてくることがわかりました。

というレポートは、はたして理科の研究だろうか、と考え込んでしまうではないか。この本に集められているレポートの約半分は、そういう日常観察や、素朴な疑問にすぎない。

だから読んでいて楽しい。生活の中のビックリ発見集（ただしいくつかは眉《まゆ》つば）を読むおもしろさがあるのだ。たとえば次のようなレポートは、おもしろ人間学、とでも呼びたくなるものである。

●Kさんはお正月の酔っぱらいの観察をしました。「帰る」と言って、30分飲んでいて、また「そろそろ帰る」と言って帰らず、1時間たって3回目の「帰る」で帰りました。

この本には、女子中学生によるそういう珍レポートがどっさりとつまっている。

しかし、だからといってこの本を、子供のビックリ発見集だとのみ考えるのは正当ではない。よくよく考えてみると、どのレポートも、なかなかの理科研究なのである。この本をまとめた静岡雙葉学園の清邦彦《せいくにひこ》先生は、とても優れた理科の先生だと感服してしまった。

清先生は生徒に、こういう手軽な研究でいいんだよ、と言いきかせているのだろう。理科の研究レポートを書こう、なんて言うと、生徒もついつい大上段に構えてしまったり、背のびをしたりして、ぎこちなくなってしまうものだ。または反対に、逃げ腰になってしまったり、テキトーにお茶を濁したり。

大袈裟《おおげさ》に考えることはないんだよ、と清先生は指導している。ダンゴ虫の足の数を数えてみました、というのだけで立派な研究レポートなんだよ、と。ちょっと考えてみた、ちょっと観察してみた、ちょっと実験してみた、というだけで十分なんだ。だからどんどん発表しようよ、と呼びかけているのだろう。その効果があって、生徒たちがラクな気分になって、軽い思いつきであれこれ考え始めているのだ。

実はそれこそが、理科とうまくつきあうコツであり、それ自体が理科とのつきあい始めなのである。

清先生はこの本のまえがきで、次のようなことを言っている。

「予想どおりにならなかったのは、失敗ではなく成功です。（中略）考え方がおかしいと言われても、『自分はそう考えた』というのは正しい事実です」

なんて理科的な主張だろうと感動してしまうではないか。理科というのは、生活の中でふと何かについて、「これはなぜだろう」とか、「これはこういうことじゃないだろうか」と考えるところから始まるのだ。だから、そう考えてみた、というだけで理科なのである。

考えたけれども、結局よくわからなかった。

こういうことじゃないか、と思って試してみたところ、想像したようにはならず、その仮説は正しくないとわかった。

そういうことでもいいのである。そのように考えたり、調べたりしただけで、立派に理科しているのである。

●Kさんによると、プールで息を吐《は》いてゆくとどんどん沈《しず》んでゆくそうです。

●Tさんはお風呂《ふろ》の中で息を吸うと体が浮《う》いてくることを発見しました。

この二つはほぼ同じことの発見なのだが、そのことに気がついたというだけで、理科は始まっているのだ。そして、どうしてそうなるんだろうなあ、と考えたことがあるのは、たとえ考えても答がわからなかったとしても、理科を実践したってことなのである。

一度でも考えたことがあれば、いつの日にか、思いがけなく何かの原理を発見するかもしれないのだ。学校で浮力のことを習った時に、ああ、いつかのプールのことはこれじゃん、と思えるかもしれない。その体験こそが理科体験というものなのだ。習ったから暗記して試験でいい点を取った、というよりはるかに理科と深くつきあっていることになるのである。

そういう意味の理科のすすめを、清先生はしているのだ。どんな小さなことでも、下らなそうなことでもいいから、どうしてだろ、とか、これはこうだからかな、とか、あれはどうなっているんだろ、と思ったことを気楽に書いてごらん、と。

そしてみんなは、すごく楽しそうにあれこれ報告している。その気軽さを育てるのは大変なことだっただろうな、と思うが、みんなに好かれているいい先生だからできたのだろう。そしてその結果、この本には、理科の始まり、が見事に並んでいるのだ。

そういうわけなので、生徒が書いていることの中に、間違っていることもある。

●Oさんは100gの水を凍らせました。氷になると軽くなると思っていたのに重さは変わりませんでした。

思わず、そうじゃないんだけど、と言いたくなってしまう。あなたは秤《はかり》で重さだけを測っているんだもの、そこがおかしいのよ、と。

確かに水の時も、氷の時も、100gには違いないけれど、氷になると体積が大きくなっているでしょうが、と教えたくなる。同じ重さでも体積が大きくなっているならば、比重が小さくなっているわけであり、そのような意味で氷は水より軽いから水に浮くのです、と。

あなたは、鉄1トンと、材木1トンは、同じ重さだから鉄と材木は同じ重さだと考えるのですか。材木1トンはかなりの大きさであり、鉄1トンはそれよりずっと小さいでしょう。だから材木は鉄より軽く、水に浮くんじゃないですか。鉄は水に沈みます。ものの重さというのは、体積を同じにしといて測って、重い軽いを考えるべきでしょう。

などと、いろんなことを言いたくなる。

ところが清先生は、ものの見事に何も言わない。この先生はすごいな、と思うのはそこである。

こういう本を編集して、先の氷の重さを測ったレポートを載せて、そこにこう書き添えないでいられる先生はそうはいない。

(氷の体積が大きくなっていることを見逃しているのですね)

ほとんどの先生はこれを書き添えたくなるだろうに、清先生は知らん顔をしている。

なぜなら、思ったようにならないのもそれはそれで正しい、という信念があるからだ。

つまりこういうことだ。氷になれば軽くなるだろうと思って実際に凍らせてみて重さを測った（実験した、ということだ）のに、１００gのままだった。どうしてなのかよくわからない。

という体験自体が、理科の実践なのである。どうしてそうなっているんだろう、と疑問を持ったことで既に、理科は始まっている。そのことでその人の理科が育ち始めているのだ。

すぐさま答を教えることは、案外その人に何も考えさせないことなのである。

それにしても教えない先生だ。こんなに教えないで平気な先生は珍しいと思う。

●Mさんの実験によると、水や塩水では毛糸の切れ端《はし》は浮《う》いたままですが、洗剤《せんざい》を入れた水では底に沈《しず》みます。

●Kさんは1円玉を水に浮かべる実験をしました。水やだし汁《じる》には浮きましたが、洗剤を溶《と》かした水には浮きませんでした。

こういうレポートを読むと、教えたがり屋で二流の教育者である私などは、教えたくってうずうずしてしまう。

それこそが洗剤のしていることなんだよ、と。洗剤は界面活性剤といってね、わかりやすく言うと、油（脂）を包んで水に溶けるものにしてしまうんだよ。よごれ、というのは主に油分であって、普通だと水に溶けないから水洗いだけではとれないんだ。ところが洗剤は油を水に溶けるようにしてしまうので、水ですすげばよごれがとれるんだよ。と、洗剤の科学をとくとくとして語りだしてしまい、このおっちゃんうるさいなあ、と思われてしまう。

清先生はそういうことを教えない。覚えておいて、ほどよい折に、ほら、ああいうことがあったじゃないか、と教育のきっかけには使うのかもしれないが、その場で教えをまくしたてたりはしない。

そのことに気がついただけで、それが立派な理科なんだよ、と思っているからだ。

清先生はあとがきの中で、生徒のレポートについて、「科学の原点を見たような気がした」と書いている。

その通りだと思う。こういう疑問や、小さな発見や、ユーモラスな実験こそが、科学の原点なのだ。

だからこの本はとてもおもしろい。

中学一年生のビックリ発見集、のおもしろさがあって、なおかつ、ここから科学って始まるんだよねえ、という納得ができるのだ。

こんなふうに気楽に理科とつきあえばいいんだと教わっている清先生の生徒たちがうらやましいほどである。

（平成十四年七月、作家）

この作品は平成十一年一月メタモル出版より刊行され、文庫化にあたり加筆した。

こころの処方箋　河合隼雄著

「耐える」だけが精神力ではない、「理解ある親」をもつ子はたまらない――など、疲弊した心に、真の勇気を起こし秘策を生みだす55章。

働きざかりの心理学　河合隼雄著

「働くこと＝生きること」働く人であれば誰しもが直面する人生の〝見えざる危機〟を心身両面から分析。繰り返し読みたい心のカルテ。

いじめと不登校　河合隼雄著

個性を大事にしようと思ったら、ちょっと教えるのをやめて待てばいいんです――この困難な時代に、今こそ聞きたい河合隼雄の言葉。

こころの最終講義　河合隼雄著

「物語」を読み解き、日本人のこころの在り処に深く鋭く迫る河合隼雄の眼……伝説の京都大学退官記念講義を収録した貴重な講義録。

Story Seller　新潮社ストーリーセラー編集部編

日本のエンターテインメント界を代表する7人が、中編小説で競演！　これぞ小説のドリームチーム。新規開拓の入門書としても最適。

Story Seller 2　新潮社ストーリーセラー編集部編

日本を代表する7人が豪華競演。読み応え満点の作品が集結しました。物語との特別な出会いがあなたを待っています。好評第2弾。

黒川伊保子著

恋　愛　脳
—男心と女心は、なぜこうもすれ違うのか—

男脳と女脳は感じ方が違う。それを理解すれば、恋の達人になれる。最先端の脳科学とAIの知識を駆使して探る男女の機微。

柳瀬尚紀著

日本語は天才である

縦書きと横書き、漢字とかなとカナ、ルビ、敬語、方言——日本語にはすべてがある。当代随一の翻訳家が縦横無尽に日本語を言祝ぐ。

河合隼雄
吉本ばなな著

なるほどの対話

個性的な二人のホンネはとてつもなく面白く、ふかい！　対話の達人と言葉の名手が、自分のこと、若者のこと、仕事のことを語り尽す。

杉浦日向子著

百　物　語

江戸の時代に生きた魑魅魍魎たちと人間の、滑稽でいとおしい姿。懐かしき恐怖を怪異譚集の形をかりて漫画で描いたあやかしの物語。

村上春樹文
大橋　歩画

村上ラヂオ

いつもオーバーの中に子犬を抱いているような、ほのぼのとした毎日をすごしたいあなたに贈る、ちょっと変わった50のエッセイ。

村上春樹著

職業としての小説家

小説家とはどんな人間なのか……デビュー時の逸話や文学賞の話、長編小説の書き方まで村上春樹が自らを語り尽くした稀有な一冊！

北村　薫著
スキップ
目覚めた時、17歳の一ノ瀬真理子は、25年を飛んで、42歳の桜木真理子になっていた。人生の時間の謎に果敢に挑む、強く輝く心を描く。

北村　薫著
ターン
29歳の版画家真希は、夏の日の交通事故の瞬間を境に、同じ日をたった一人で、延々繰り返す。ターン。ターン。私はずっとこのまま？

北村　薫著
リセット
昭和二十年、神戸。ひかれあう16歳の真澄と修一は、再会翌日無情な運命に引き裂かれる。巡り合う二つの《時》。想いは時を超えるのか。

糸井重里監修
ほぼ日刊イトイ新聞編
オトナ語の謎。
なるはや？　ごごいち？　カイシャ社会で密かに増殖していた未確認言語群を大発見！誰も教えてくれなかった社会人の新常識。

糸井重里監修
ほぼ日刊イトイ新聞編
言いまつがい
「壁の上塗り」「理路騒然」。言っている本人は大マジメ。だから腹の底までとことん笑える。正しい日本語の反面教師がここにいた。

池谷裕二
糸井重里著
海馬
―脳は疲れない―
脳と記憶に関する、目からウロコの集中対談。「物忘れは老化のせいではない」「30歳から頭はよくなる」など、人間賛歌に満ちた一冊。

新潮文庫最新刊

村上春樹著
村上さんのところ
世界中から怒濤の質問3万7465通！ 1億PVの超人気サイトの名回答・珍問答を厳選して収録。フジモトマサルのイラスト付。

瀬戸内寂聴著
わかれ
愛した人は、皆この世を去った。それでも私は書き続け、この命を生き存《ながら》えている——。終世作家の枠を極めた、全九編の名品集。

筒井康隆著
夢の検閲官・魚籃観音記
やさしさに満ちた感動の名品「夢の検閲官」から小説版は文庫初収録の「12人の浮かれる男」まで傑作揃いの10編。文庫オリジナル。

高杉良著
出世と左遷
会長に疎んじられた秘書室次長の相沢靖夫。左遷にあっても心折れずに働く中間管理職の姿を描き、熱い感動を呼ぶ経済小説の傑作。

久間十義著
デス・エンジェル
赴任した病院で次々と起きる患者の不審死。研修医は真相解明に乗り出すが。善意をまとった心の闇を暴き出す医療サスペンスの雄編。

はらだみずき著
ここからはじまる
—父と息子のサッカーノート—
プロサッカー選手を夢見る息子とそれを応援する父。スポーツを通じて、子育てのリアルな悩みと喜びを描いた、感動の家族小説！

新潮文庫最新刊

須藤靖貴著
満点レシピ
—新総高校食物調理科—
新総高校食物調理科のケイシは生来の不器用で、仲間に助けられつつ悪戦苦闘の毎日。笑えて泣けて、ほっぺも落ちる青春調理小説。

吉野万理子著
忘霊トランクルーム
祖母のトランクルームの留守番をまかされた高校生の星哉は、物に憑《と》りつく幽霊＝忘霊に出会う——。甘酸っぱい青春ファンタジー。

浅葉なつ著
カカノムモノ2
—思い出を奪った男—
命綱の鏡が割れて自暴自棄の碧。老鏡職人は修復する条件として、理由を告げぬまま自分の穢れを呑めと要求し——。波乱の第二巻。

有働由美子著
ウドウロク
衝撃の「あさイチ」降板&NHK退社。その真相と本心を初めて自ら明かす。わき汗から失恋まで人気アナが赤裸々に綴ったエッセイ。

佐野洋子著
私の息子はサルだった
幼児から中学生へ。息子という生き物を観察し、母としてその成長を慈しむ。没後発見された原稿をまとめた、心温まる物語エッセイ。

森田真生著
数学する身体
小林秀雄賞受賞
身体から出発し、抽象化の極北へと向かった数学に人間の、心の居場所はあるのか？ 数学の新たな風景を問う俊英のデビュー作。

新潮文庫最新刊

井上章一著
パンツが見える。
—羞恥心の現代史—
それは本能ではない。パンチラという「洗脳」の正体。下着を巡る羞恥心の変容を圧倒的な熱量で考証する、知的興奮に満ちた名著。

大塚ひかり著
本当はエロかった昔の日本
日本は「エロ大国」だった！『源氏物語』など古典の主要テーマ「下半身」に着目し、性愛あふれる日本人の姿を明らかにする。

増村征夫著
心が安らぐ145種
旅先で出会う花
ポケット図鑑
半世紀に亘り花の美しさを追い続けてきた著者が、四季折々の探索コース50を極上のエッセイと写真で解説する、渾身の花紀行！

M・グリーニー
田村源二訳
欧州開戦
（1・2）
原油暴落で危機に瀕したロシア大統領が起死回生の大博打を打つ！最新の国際政治情報を盛り込んだジャック・ライアン・シリーズ。

佐々木譲著
警官の掟
警視庁捜査一課と蒲田署刑事課。二組の捜査の交点に浮かぶ途方もない犯人とは。圧巻の結末に言葉を失う王道にして破格の警察小説。

橘玲著
言ってはいけない
中国の真実
巨大ゴーストタウン「鬼城」を知らずして中国を語るなかれ！日本と全く異なる国家体制、社会の仕組、国民性を読み解く新中国論。

女《じょ》子《し》中《ちゅう》学《がく》生《せい》の小《ちい》さな大《だい》発《はつ》見《けん》

新潮文庫　せ - 8 - 1

平成十四年八月一日発行
平成三十年五月三十日十一刷

編著者　清《せい》邦《くに》彦《ひこ》

発行者　佐藤隆信
発行所　株式会社 新潮社
郵便番号　一六二―八七一一
東京都新宿区矢来町七一
電話 編集部(〇三)三二六六―五四四〇
読者係(〇三)三二六六―五一一一
http://www.shinchosha.co.jp
価格はカバーに表示してあります。
乱丁・落丁本は、ご面倒ですが小社読者係宛ご送付ください。送料小社負担にてお取替えいたします。

印刷・錦明印刷株式会社　製本・錦明印刷株式会社
© Kunihiko Sei 1999 Printed in Japan

ISBN978-4-10-131731-1 C0140